TEST JEZELF

Test Jezelf

Hoe lig ik in de markt?

STRENGHOLT

CIP-GEGEVENS KONINKLIJKE BIBLIOTHEEK, DEN HAAG

Test Jezelf - Hoe lig ik in de markt
Naarden: Strengholt - Ill.

ISBN: 90 6010 868 X
NUGI: 716
SBO: 38
Trefwoord: psychologische tests

Samenstelling: Dodi Apeldoorn & Sonja van Baverden
Illustraties: Nikki Genée
Omslagillustratie: T&M Design, Hilversum
Drukker: Drukkerij Ten Brink Meppel BV, Meppel

Copyright © 1995: A.J.G. Strengholt's Boeken, Anno 1928 BV,
Hofstede Oud Bussem, Flevolaan, Naarden

Verspreiding voor België: Standaard Uitgeverij, Antwerpen

Inhoud

Inleiding

Persoonlijkheidstesten zijn enorm leuk om te doen en kunnen daarnaast de nodige stof voor interessante discussies opleveren. Maar hoe eerlijk is het antwoord op de vraag? Laten we er maar geen doekjes om winden, we nemen onszelf en anderen in veel gevallen bewust of onbewust in de maling. Soms zegt een antwoord meer over de manier waarop je zou willen reageren, dan hoe je in werkelijkheid zou handelen. Je zit als mens nu eenmaal complexer in elkaar dan een vraagstelling kan weergeven. Net zoals de situaties waarin wij ons bevinden vaak minder simpel zijn, dan op het eerste gezicht lijkt.

Dit geldt ook voor de vragen in dit boekje, met de zogeheten 'multiple choice' antwoorden. In *Test jezelf* staan bij iedere vraag weliswaar vier mogelijkheden, maar misschien zou je liever voor een andere oplossing kiezen. In dat geval voldoet het antwoord waar jij jezelf het best in kunt herkennen.

En als je heel eerlijk bij jezelf te rade gaat terwijl je deze testen maakt, gaat er wellicht een boekje voor je open... Durf jij het aan?

Heb jij een positieve levensinstelling?

H et lijkt weleens of het makkelijker is pessimistisch te zijn dan optimistisch. Of denk jij daar anders over?

1. *Je partner is met vrienden uit en heeft beloofd het niet te laat te maken. De klok wijst onderhand echter al half één aan. Wat gaat er door jou heen?*

a. Als er iets gebeurd was, had ik het wel gehoord.
b. Hij/zij móet haast wel verongelukt zijn.
c. Het zal wel gezellig zijn.
d. Voor alle zekerheid bel ik de ziekenhuizen even af.

2. *Een nieuwe collega nodigt je uit voor een diner bij hem/haar thuis. Het voorgerecht valt jou nogal tegen. Wat denk je op zo'n moment?*

a. Dat wordt niks vanavond, en mijn glas is ook al half leeg.
b. Het volgende gerecht kan alleen maar meevallen.
c. Het eten valt wat tegen, maar gelukkig is mijn glas nog half vol.
d. De rest zal wel net zo vreselijk smaken.

3. *Op een stralende dag krijg je ineens zin in een fietstocht. Wat trek je aan?*

a. Luchtige kleding, en je neemt wat geld mee.
b. Je luistert eerst naar het weerbericht en kiest dan wat je zult aantrekken.
c. Je aarzelt heel lang wat je zult aantrekken, en besluit dan toch maar niet te gaan, want stel je voor dat…
d. Je propt je fietstas vol met een regenpak, jogging-pak, warme jas, zwemkleding, zodat je op alles voorbereid bent.

4. *Je partner belt op dat het vanavond wat later wordt, vanwege een etentje met een nieuwe, aardige collega van het andere geslacht. Wat denk jij?*

a. Volgens mij hebben ze een verhouding.
b. Als die collega maar niet te aantrekkelijk is.

  c. Ik wil die aardige collega ook wel een keertje ontmoeten.

  d. Fijn dat hij/zij weer een leuke collega erbij heeft.

5. *Je wilt heel graag een nieuwe auto kopen, maar omdat de financiële middelen ontbreken, waag je een gokje in de Staatsloterij en koopt een lot. Wat verwacht je?*

  a. Je verwacht niets, je ziet wel hoe het balletje rolt.

  b. Je hoopt op zijn minst wat geld voor een etentje te winnen.

  c. Je ziet jezelf in gedachten met een sportauto de oprijlaan van jouw luxe villa oprijden.

  d. Je wint toch niks, dus je besluit het lot weer te verkopen.

6. *Iemand waarin jij zeer geïnteresseerd bent, belt je op met de uitnodiging over twee dagen mee te gaan naar een exclusief feest. Wat doe je?*

  a. Het is zo kort dag, dat je beslist tweede keus moet zijn; vandaar dat je besluit niet mee te gaan.

  b. Je vindt het fantastisch dat de ander aan jou heeft gedacht, en je accepteert de uitnodiging.

  c. Je vermoedt wel dat je tweede keus bent, maar vindt de persoon zo leuk dat je toch maar 'ja' zegt.

  d. Je bent blij met de uitnodiging; je vindt het niet erg tweede keus te zijn, en gaat mee.

7. *Je hebt vreselijke keelpijn. Toevallig lees je een artikel over een ernstige keelaandoening. Wat gaat er door je hoofd?*

  a. Je legt geen enkel verband tussen die ernstige keelaandoening en je eigen keelpijn.

  b. Wanneer de keelpijn niet binnen twee dagen minder wordt, moet je toch echt maar eens naar de dokter.

  c. Je bent blij dat jouw keelpijn andere symptomen heeft dan het artikel beschrijft.

  d. Je hebt beslist de klachten die bij de beschreven keelaandoening horen en belt direct je huisarts.

8. *Je bent al een tijd op zoek naar een gouden ketting. Op de markt biedt een aardige koopman er een te koop aan voor slechts 40 gulden. Wat is jouw reactie?*

a. Je wilt de ketting kopen, mits je een garantiebewijs krijgt waaruit blijkt dat het sieraad werkelijk van goud is.
b. Je denkt dat de ketting voor zo'n prijs wel gestolen moet zijn, en koopt hem niet.
c. Je loopt direct door, want de ketting kan voor dat geld nooit van goud zijn.
d. Je koopt de ketting en voelt je een ware geluksvogel.

9. *Een familielid heeft een aan/uit-relatie en belt jou voornamelijk op als het weer eens uit is. Na drie maanden stilte komt er weer een telefoontje. Wat zeg je?*

a. 'Ik hoop niet dat de relatie nu alweer uit is...'
b. 'Lang niets gehoord zeg... gaat het wel goed met je vriend(in)?'
c. 'Het is natuurlijk weer uit met de liefde...'
d. 'Wat leuk dat je belt, alles goed met jullie?'

10. *Je gaat in de vakantie twee weken kamperen op Texel. De eerste drie dagen regent het pijpestelen en de tent blijkt flink te lekken. Wat doe je?*

a. Je pakt je spullen, en vertrekt met de eerste boot naar huis.
b. Je blijft; morgen wordt het vast mooi weer.
c. Je zoekt een hotel, zodat je in ieder geval droog zit.
d. Je kijkt het nog een paar dagen aan, voordat je iets beslist.

Antwoorden:

1.	a=3	b=1	c=4	d=2	6.	a=1	b=4	c=2	d=3
2.	a=2	b=4	c=3	d=1	7.	a=4	b=2	c=3	d=1
3.	a=4	b=2	c=1	d=3	8.	a=3	b=1	c=2	d=4
4.	a=1	b=2	c=3	d=4	9.	a=2	b=3	c=1	d=4
5.	a=2	b=3	c=4	d=1	10.	a=1	b=4	c=2	d=3

Heb je een positieve levensinstelling?

Tot 14 punten

Het leven lijkt jou nooit toe te lachen, want je bent iets te pessimistisch van aard. Toch kun je daar best iets aan doen. Ga eens wat meer uit van het positieve in je leven, en misschien zie je het leven dan wel vaker naar jou lachen, dan je voor mogelijk hield. En mocht het af en toe eens tegenvallen, laat je dan niet onmiddellijk uit het veld slaan.

Van 14 t/m 22 punten
Je wilt de zon wel in het water zien schijnen, maar het lukt je niet altijd zo goed. Gelukkig blijf je het proberen, waardoor uiteindelijk dat positieve resultaat ontstaat dat jij zoekt!

Van 23 t/m 31 punten
Jij zult niet vaak teleurgesteld worden. Je hebt het vermogen met een positieve blik de wereld in te kijken. Toch houd je rekening met eventuele tegenvallers. Met zo'n houding blijf je prima in balans!

Van 32 t/m 40 punten
Een dergelijke positieve levensinstelling maakt je tot een aangenaam persoon in de omgang. Zorg echter wel voor een gezonde dosis realiteitszin, waardoor je wat minder kwetsbaar wordt. Ook dan zul je, als vanouds, nog het zonnetje in huis blijven.

Een fotograaf in Kerk-Avezaath
legde zijn vrouw vast op de gevoelige plaat
zo werd zijn lief
van een negatief
in een keer een positief resultaat.

Ben je bescheiden?

Bescheidenheid en onbescheidenheid kennen veel gradaties. Wat dacht je van de titel 'watje' of 'tutje', de 'onbehouwen hufter' en 'de arrogante bal'. In de tien onderstaande vragen gaat men uit van situaties met kennissen, dus absoluut niet met goede vrienden en/of vriendinnen.

Nu maar eens kijken wat er uit jouw (on)bescheidenheidstest komt!

1. *Op een feest tref je de bekende situatie aan van het laatste lekkere hapje op een schaal. Wat doe je?*

a. Die allerlaatste laat je voor iemand anders liggen.
b. Je stopt het zondermeer in je mond; iémand moet dat laatste hapje toch nemen?
c. Giechelend merk je op: 'Laat ik jullie maar helpen en de laatste nemen', waarna het hapje in je mond verdwijnt.
d. Met de woorden: 'Oh jee, de laatste…' trek je je hand terug, in de hoop dat anderen zullen aandringen het toch vooral te nemen.

2. *Je hebt 's middags om twee uur afgesproken bij een kennis thuis langs te gaan. Door omstandigheden heb je niet kunnen lunchen en je rammelt van de honger als je daar aankomt. Hoe reageer jij?*

a. Je zegt dat je jammer genoeg niet meer hebt kunnen lunchen en vraagt een boterham.
b. Je loopt naar de keuken en kijkt in de kastjes of je iets te eten vindt.
c. Je vraagt of je in de buurt een broodje kunt kopen in de hoop dat de kennis dan iets zal aanbieden.
d. Je zegt er geen woord over.

3. *Je bent bijna jarig. Een kennis die goed bij kas zit, vraagt je terloops wat je wensen zijn. Een van de dingen die je graag wilt hebben, kost over de honderd gulden. Wat doe je?*

a. Je vraagt specifiek om dat ene dure cadeau.
b. Je noemt diverse dingen op, maar zegt erbij dat je ook heel blij zou zijn met geld, omdat je voor dat dure cadeau wilt sparen.
c. Je geeft een verlanglijst en laat de kennis zelf een keuze maken.
d. Je geeft een verlanglijst waarop je het duurste cadeau vet onderstreept hebt.

4. *Een vage kennis nodigt je uit voor een etentje in een restaurant. Als je een blik op de menukaart werpt, zie je de schrikbarend hoge prijzen. Wat bestel jij?*

a. Je vraagt wat de ander neemt en stemt je keus qua prijs daarop af.
b. Je kiest het duurste uit en vraagt de kennis of dat geen probleem is.
c. Je bestelt zonder blikken of blozen het duurste gerecht.
d. Je zoekt onder de meest betaalbare gerechten iets lekkers uit.

5. *Je hebt al een tijd een oogje op iemand. Op een avond zie je hem/haar met een exotisch drankje alleen aan de bar zitten. Wat doe je?*

a. Je gaat binnen het gezichtsveld van de ander zitten en zoekt oogcontact.
b. Je gaat op de barkruk pal naast hem/haar zitten, en bestelt hetzelfde drankje.
c. Je doet geen enkele toenaderingspoging.
d. Je gaat naast hem/haar zitten en zegt dat je ook wel trek in zo'n lekker drankje hebt.

6. *Je wordt gevraagd in een toneelstuk mee te spelen en mag zelf aangeven welke rol jouw voorkeur heeft. Voor welke rol kies jij?*

a. De hoofdrol.
b. Geen enkele rol.
c. Souffleur.
d. Een bijrol.

7. *Je bespeelt al tijden een instrument. Een kennis die dat toevallig hoort, reageert vreselijk enthousiast. Hij stimuleert je zelfs om op korte termijn aan een speciale auditie voor instrumentalisten mee te doen. Wat onderneem je?*

a. Je onderneemt helemaal niets.
b. Je kraakt je spel voortdurend af, hopend dat de kennis met zoveel mogelijk overtuigende argumenten komt wel mee te doen aan de auditie.
c. Je zet een aantal muziekstukken op een cassettebandje en stuurt dit eerst op naar de organisatoren van de auditie.
d. Je geeft je direct voor de auditie op.

8. *Je buurman heeft net zijn appelboom leeggehaald en staat met een emmer vol appels voor je deur. Je mag er zoveel pakken als je wilt. Wat doe je?*

a. Je pakt de emmer van hem aan en bedankt de buurman hartelijk.
b. Je pakt een stuk of zes appels uit de emmer.
c. Je pakt een iets kleinere emmer en vult die tot halverwege.
d. Je pakt een iets kleinere emmer en vult deze zo ver mogelijk.

9. *Je werkgever is zeer tevreden over je prestaties. Hij heeft zich al tweemaal laten ontvallen dat je toch eigenlijk eens een salarisverhoging zou moeten hebben. Toch blijft de opslag uit. Wat doe je?*

a. Als de gelegenheid zich voordoet, vertel je hem terloops over een grote aankoop die je wilt gaan doen.
b. Je stapt naar je werkgever en vraagt om die salarisverhoging.
c. Je maakt terloops een grapje over salarisverhogingen.
d. Je onderneemt helemaal niets.

10. *Hoe zou jij naar een gekostumeerd bal gekleed gaan?* Als:

a. Landloper.
b. Filmster.
c. Koning(in).
d. Politieagent(e).

Antwoorden:

1.	a=4 b=1 c=3 d=2	6.	a=1 b=4 c=3 d=2
2.	a=2 b=1 c=3 d=4	7.	a=4 b=3 c=2 d=1
3.	a=1 b=3 c=4 d=2	8.	a=1 b=4 c=3 d=2
4.	a=3 b=2 c=1 d=4	9.	a=3 b=1 c=2 d=4
5.	a=3 b=2 c=4 d=1	10.	a=4 b=2 c=1 d=3

Ben je bescheiden?

Tot 14 punten
Jij weet duidelijk wat je wilt. Maar ja, waar ligt precies de grens tussen onbescheiden en onbehouwen? Een handig trucje is om eerst tot tien te tellen voor je iets zegt of doet. Bovendien kan het knap lastig zijn altijd door anderen als 'botterik' bestempeld te worden.

Van 14 t/m 22 punten
Zonder omwegen maak jij je wensen kenbaar. Door de duidelijke manier waarop je dit aanpakt, dwing je vrij veel respect af. Dat is natuurlijk erg knap, al zou een vleugje meer bescheidenheid je geen kwaad doen. Je kunt immers beter iets te bescheiden, dan te onbescheiden zijn.

Van 23 t/m 31 punten
Je bent heel bescheiden en wilt anderen vooral niet tot last zijn. Daardoor ben je soms weleens onduidelijk in je wensen, en juist daarin schuilt het gevaar. Zorgvuldig overwogen woorden kunnen dan worden opgevat als valse bescheidenheid. Je weet vast wel dat dit onnodig is, want het tegendeel is waar!

Van 32 t/m 40 punten
Jij bent het prototype van bescheidenheid, maar doe je jezelf niet vaak tekort? Wanneer je te bescheiden bent, nemen anderen het deel wat jou toekomt. Probeer dus wat meer voor jezelf op te komen, je verdient het. Je mag jezelf en anderen gerust laten zien dat je weet wie je bent en wat je wilt.

'Als bescheidenheid een eigenschap is gelijk een sieraad,
geef mij dan maar een diamanten ketting',
sprak de vrouw.

Ben je een denker, of een doener?

Sommige mensen zijn uitgesproken 'denkers', terwijl anderen juist 'doeners' zijn. Als je weet dat jij een denker bent, moet je je tijd niet verdoen met een hamer en een schroevedraaier. Ben je daarentegen een doener, dan is het zonde om jezelf met een voor jou onbegrijpelijk probleem te kwellen. Er zijn ook mensen die vooral denkers zijn, en bovendien nog twee rechterhanden hebben ook! Net zoals een doener daarnaast ook over een goed vermogen tot nadenken kan beschikken.

1. *Welke combinatie van vrijetijdsbesteding spreekt jou het meest aan?*

   a. Voetbal/tennis.
   b. Schaken/scrabble.
   c. Badminton/klaverjassen.
   d. Bridge/wandelen.

2. *Een (onhandige) buurman vraagt jouw hulp bij het bouwen van een tuinhuisje. Zo te horen is het een ingewikkelde klus. Hoe reageer je?*

   a. Je biedt aan om mee te denken, maar zegt erbij dat je vooral met de bouw wilt helpen.
   b. Je denkt met de buurman mee, en belooft tijdens de bouw toezicht te houden.
   c. Je zegt dat je alleen wilt helpen met het bouwen, maar laat het denkwerk geheel aan de buurman over.
   d. Je vertelt de buurman, dat je alleen wilt meedenken over hoe de bouw te realiseren valt.

3. *Op een zomerse dag zit je met een aantal vrienden in de tuin, als een van hen spontaan oppert te gaan barbecuen. Je hebt helemaal niets in huis en over een uur sluiten de winkels. Wat doe je?*

   a. Je stelt voor om de barbecue een andere keer te houden, zodat je alles van tevoren kunt regelen.
   b. Je denkt diep na wat je allemaal in huis moet halen, maakt een lijstje en doet vervolgens de boodschappen.

c. Je hebt geen barbecue, en wil er in verband met brandgevaar ook niet een lenen.

d. Je vertrekt direct om de benodigdheden voor de barbecue in huis te halen.

4. *Je loopt over de muziekafdeling van een warenhuis bij jou in de buurt, waar je oog valt op de sterk afgeprijsde klassieke muziek-CD's. Koop jij een CD, en zo ja, welke?*

a. Bach.
b. Mozart.
c. Mahler.
d. Je koopt geen CD, je houdt niet van klassieke muziek.

5. *Hoe vul jij bij voorkeur een zonnige vakantiedag in?*

a. Je staat vroeg op om een fietstocht te maken.
b. Je slaapt uit en bezoekt vervolgens een museum.
c. Je slaapt uit en gaat daarna klussen.
d. Je staat vroeg op en nestelt je met een goed boek in de tuin.

6. *Je rijdt op de snelweg; plotseling vormt zich voor je een file. Hoe reageer je?*

a. Je kijkt in de achteruitkijkspiegel hoe snel het verkeer nadert en doet de knipperlichten van je auto aan.
b. Je pakt de wegenkaart en kijkt naar de eerstvolgende mogelijkheid de snelweg te verlaten.
c. Je werpt een geïrriteerde blik op je horloge en begint ongeduldig met je vingers op het stuur te trommelen.
d. Je stapt rustig uit en kijkt wat de file heeft veroorzaakt.

7. *Wat voor een soort puzzel spreekt jou het meest aan?*

a. Cryptogram.
b. Geen enkele.
c. Doorloper.
d. Zweedse puzzel.

8. *In de omroepgids staan drie televisieprogramma's aangekondigd, die op hetzelfde tijdstip zullen worden uitgezonden. Voor welk programma kies jij?*

a. Tros Triviant.
b. Eigen Huis en Tuin.
c. Geen enkel programma, je bent liever actief bezig dan dat je voor de televisie stilzit.
d. Per Seconde Wijzer.

9. *Je vertrekt, helemaal alleen, voor een maand naar een onbewoond eiland. Wat neem je mee?*

a. Een computer met toebehoren.
b. Een aantal goede boeken.
c. Een draagbare muziekinstallatie met al je favoriete CD's.
d. Een goed gevulde gereedschapskist.

10. *Je bent op een slaapverwekkend feest beland. Er is geen muziek, en geregeld valt er een pijnlijke stilte. Met goed fatsoen kun je niet direct weg. Hoe reageer jij?*

a. Je trekt je terug in je eigen gedachten.
b. Je stelt voor muziek op te zetten en te dansen.
c. Je probeert de stemming erin te krijgen en vertelt een mop.
d. Je observeert de andere gasten en bedenkt met wie je een praatje zult maken.

Antwoorden:

1.	a=1 b=4 c=2 d=3	6.	a=4 b=3 c=2 d=1
2.	a=2 b=3 c=1 d=4	7.	a=4 b=1 c=3 d=2
3.	a=3 b=2 c=4 d=1	8.	a=3 b=2 c=1 d=4
4.	a=4 b=2 c=3 d=1	9.	a=2 b=3 c=4 d=1
5.	a=1 b=4 c=2 d=3	10.	a=4 b=1 c=2 d=3

Ben je een denker, of een doener?

Tot 14 punten
Jouw motto is 'Geen woorden maar daden'. Het is fijn om een type als jij in de buurt te hebben wanneer er een klus moet worden geklaard. Toch is het verstandig om eerst even na te denken voordat je ergens aan begint. Je zult bijvoorbeeld een vloer dan met hetzelfde enthousiasme schilderen, alleen... zul je dan bij de deur uitkomen in plaats van bij de muur!

Van 14 t/m 22 punten
Jij vindt het heerlijk om met je handen bezig te zijn. Ook weet je dat eerst denken, dan doen, de beste volgorde is. Dat zoiets jou niet altijd even gemakkelijk afgaat, is geen punt. Jij bent namelijk het uitgesproken type waarvoor geldt dat men al doende leert denken.

Van 23 t/m 31 punten
Jij weet het denken en doen op een goede manier te combineren. Toch verzuim je weleens de juiste argumenten te gebruiken als je uitlegt waarom je iets doet of laat. Hierdoor kun je de indruk wekken lui te zijn. Terwijl het tegendeel waar is.

Van 32 tot 40 punten
Er zullen weleens grapjes worden gemaakt over het feit dat je een professor met twee linkerhanden lijkt te zijn. Toch hoef je dat niet negatief op te vatten. Je krijgt juist veel waardering voor je spitsvondigheden en je steekhoudende raadgevingen. En daarbij, je hoeft toch niet alles te kunnen?

Het is beter te weten waarom je iets laat
dan niet te begrijpen waarom je iets doet

Ben je eerlijk?

We weten het allemaal: al is de leugen nog zo snel, de waarheid achterhaalt haar wel! Lieg je uit angst voor de consequenties die het zou hebben als je wel eerlijk zou zijn? En wie kent niet het leugentje om bestwil? Voor wiens bestwil is dat dan eigenlijk? Het is een ware kunst om eerlijk te zijn, zonder anderen onnodig te kwetsen. Kun jij dat?

1. *Je installeert je op een zondagmiddag met een goed boek in je luie stoel. Je hebt een drukke week achter de rug en snakt naar wat rust. Je hebt nog maar net twee bladzijden gelezen als de telefoon gaat. Een kennis wil even gezellig op de koffie komen. Je wilt eigenlijk het liefst blijven lezen. Wat zeg je?*

a. Je geeft wel aan dat je rustig aan het lezen bent, maar laat het aan de ander over of jullie straks of een andere keer afspreken.
b. Je zegt dat de kennis uiteraard welkom is.
c. Je legt uit dat je net op het punt stond om weg te gaan.
d. Je vertelt dat je even in alle rust een boek wilt lezen, en liever een afspraak voor een andere dag wilt maken.

2. *Je verkeert in dezelfde situatie als bij vraag 1, maar nu belt er een belangrijke zakenrelatie die toevallig in de buurt is. Hoe reageer jij?*

a. Je geeft aan dat het niet goed uitkomt, maar laat de zakenrelatie beslissen of die toch langs wil komen.
b. Je zegt dat de betreffende persoon van harte welkom is.
c. Je zegt dat je het erg jammer vindt, maar dat je net op het punt stond weg te gaan.
d. Je vertelt dat je momenteel met andere dingen bezig bent, maar heel graag een andere keer wilt afspreken.

3. *Je schoonmoeder toont vol trots haar nieuwe jurk en vraagt om jouw mening. Je vindt het geen gezicht, maar wat zeg je?*

a. Je knikt een beetje en lacht beleefd, terwijl je krampachtig haar vraag probeert te omzeilen.

b. Je zegt dat je het een prachtige jurk vindt.
c. Je vertelt dat jij de jurk niet mooi vindt.
d. Je legt voorzichtig uit dat jij het kledingstuk niet direct voor haar zou uitkiezen.

4. *Je werkt nauw samen met een collega, die nogal vaak een irritante transpiratielucht om zich heen heeft hangen. Wat doe je?*

a. Je zegt er niets over.
b. Je vertelt dat je last hebt van de transpiratielucht.
c. Je brengt het gesprek zo subtiel mogelijk op lichaams- verzorging en hoopt dat je collega de hint begrijpt.
d. Je praat er niet over, maar zet stiekem een flesje deodorant op het bureau van je collega.

5. *Over welke zaken lieg je weleens?*

a. Over je gewicht, want dat valt toch moeilijk te controleren.
b. Over je inkomsten bij het invullen van je aangifteformulier voor de inkomstenbelasting, misschien scheelt het je nog wat geld.
c. Over je leeftijd, want je hebt het zelf nogal moeilijk met ouder worden.
d. Je liegt nooit over dergelijke zaken.

6. *Aan welke eigenschap hecht jij de meeste waarde?*

a. Eerlijkheid.
b. Loyaliteit.
c. Trouw.
d. Vriendelijkheid.

7. *Er zijn kennissen op bezoek en het is op zich erg gezellig. Maar je bent jammer genoeg ontzettend moe, en de beide wijzers van de klok naderen de twaalf. De volgende dag ben je vrij, maar daar weet het bezoek niets van. Wat doe je?*

a. Je wordt stiller en geeuwt even, in de hoop dat de gasten vragen of je soms naar bed wilt.
b. Je zegt niets en wacht tot ze uit zichzelf opstappen.
c. Je kaart even aan dat je de volgende ochtend naar een belang- rijke vergadering moet en graag naar bed wilt.

d. Je zegt dat je erg moe bent en graag naar bed wilt.

8. *Lieg jij weleens?*

a. Jawel, maar altijd voor andermans bestwil.
b. Dat hangt ervan af.
c. Nee, nooit.
d. Ja, als het in mijn eigen belang is.

9. *Je ontdekt dat de partner van een goede vriend(in) een verhouding heeft, terwijl de ander van niets weet. Wat doe jij met die wetenschap?*

a. Je zegt er helemaal niets over, dat is iets tussen hen.
b. Je vertelt je vriend(in) alles wat je over de verhouding weet.
c. Je stapt naar de overspelige en zegt dat deze alles zal moeten vertellen, anders doe jij het.
d. Je hoort de vriend(in) subtiel uit hoe hij/zij over buitenechtelijke verhoudingen denkt, waarna je bepaalt of je de vriend(in) vertelt wat je weet.

10. *Een goede kennis nodigt je uit voor een besloten etentje in een romantisch restaurant. Alhoewel je die persoon erg aardig vindt, kan er wat jou betreft nooit meer tussen jullie zijn dan vriendschap. Toch weet je dat de ander op meer hoopt dan vriendschap. Wat doe je?*

a. Je zegt dat je graag uit eten wilt, maar dat diegene geen amoureuze verwachtingen moet koesteren.
b. Je vertelt hoe jij het ziet, en vraagt vervolgens of de ander nog steeds geïnteresseerd is in een etentje met je.
c. Na het laatste gerecht vertel je dat er wat jou betreft niet meer inzit dan een waardevol vriendschappelijk contact.
d. Je zegt niets, trekt een uitdagende creatie aan, en besluit pas te reageren wanneer de ander opdringerig wordt.

Antwoorden:

1.	a=3	b=2	c=1	d=4	6.	a=4	b=3	c=2	d=1
2.	a=3	b=2	c=1	d=4	7.	a=3	b=2	c=1	d=4
3.	a=2	b=1	c=4	d=3	8.	a=3	b=2	c=4	d=1
4.	a=1	b=4	c=3	d=2	9.	a=1	b=4	c=3	d=2
5.	a=3	b=1	c=2	d=4	10.	a=4	b=3	c=2	d=1

Ben je eerlijk?

Tot 14 punten
Met een leugentje om bestwil kun je voorkomen dat je een ander onnodig kwetst. Dat klinkt natuurlijk wel aardig, maar wees eens eerlijk, is het soms ook een beetje voor je eigen bestwil? En als je leugentje uitkomt, zit jij met de gebakken peren, en de ander voelt zich behoorlijk in de maling genomen. In de meeste gevallen geldt nog steeds, dat eerlijkheid het langst duurt.

Van 14 t/m 22 punten
Een dromer als jij vindt eerlijk zijn weleens een moeilijke opgave. En eigenlijk heb je gelijk, want de waarheid is niet altijd leuk of makkelijk. Toch moet je niet vergeten, dat eerlijkheid tegelijkertijd duidelijkheid geeft. En laat jij daar nu uitgerekend een voorstander van zijn!

Van 23 t/m 31 punten
Je denkt vaak na over hoe je eerlijk kunt zijn zonder gebruik te maken van de botte bijl. Een prima streven, dat jou typeert als iemand die rekening houdt met een ander. Blijf wel duidelijk je grenzen aangeven, en laat vooral niet over je heen lopen. Kortom, je staat bekend als een betrouwbaar en eerlijk mens. En terecht!

Van 32 t/m 40 punten
Je bent soms pijnlijk eerlijk. Eerlijkheid op zich is een goede eigenschap, maar hoe zou jij het vinden als anderen jou zo onverbloemd de waarheid zeggen? Misschien kun je eens proberen wat meer rekening te houden met degene op wie jij je eerlijkheid botviert. Je vindt vast wel een mogelijkheid je woordkeus aan te passen, zodat je nog steeds eerlijk bent, maar niet kwetsend.

Er was eens een vrouw in Lingen
die was heel vals aan het zingen
''t Is prachtig', riep haar man
'jij kan er echt wat van!'
terwijl de ramen aan diggelen gingen.

Ben je emotioneel?

Mannen vallen zelden onder de categorie 'emotioneel'. Kennelijk geldt de stelling nog steeds 'grote jongens huilen niet'. Het alternatief voor de emotie wordt al gauw ingevuld door een stoere en koele houding. Toch is dat iets heel anders dan nuchterheid. Als je daarentegen te emotioneel bent, maak je het leven voor jezelf en jouw omgeving niet altijd even makkelijk. Hoe zit dat bij jou?

1. *Het slot van de ietwat dramatische film is erg ontroerend; je voelt de tranen in je ogen springen maar beseft dat de bioscooplichten ieder moment aan kunnen gaan. Wat doe je in dat geval?*

a. Je begint zenuwachtig te giechelen.
b. Je laat je tranen de vrije loop.
c. Je trekt je wenkbrauwen op en houdt jezelf voor dat het allemaal maar geacteerd is.
d. Je laat de tranen rollen en dept ze onderwijl zo snel mogelijk met een zakdoek.

2. *Naar welk type films kijk je het liefst?*

a. Horror.
b. Love-story.
c. Familiedrama.
d. Actie.

3. *Je huis staat in brand, maar gelukkig ben je goed verzekerd. Eventuele huisdieren en kinderen zijn al gered en, alhoewel met gevaar voor je eigen leven, je zou nog net iets mee kunnen nemen. Doe jij dat? En zo ja, wat neem je mee?*

a. Het familie-album.
b. Alle floppy's van je computer.
c. Je lievelingsplant.
d. Niets, je riskeert je leven niet voor materiële zaken.

4. *Ooit had je een korte maar intense verhouding met iemand. Er was een speciaal nummer van een* CD *die jullie altijd draaiden. Die relatie is zonder moeilijkheden geëindigd. En nu, jaren later, hoor je dat bewuste nummer op de radio. Wat gebeurt er met je?*

a. Je glimlacht en denkt met plezier terug aan de kortstondige verhouding.
b. Bij de afkondiging realiseer je je pas welk nummer je zojuist hoorde.
c. Je krijgt tranen in je ogen en denkt met weemoed terug aan die ene relatie.
d. Je vraagt je af, hoe het met de ander gaat.

5. *Het is een verschrikkelijke rommel bij jou thuis en je besluit om eens flink aan de slag te gaan. Ruim je alleen op, of gooi je daadwerkelijk veel weg?*

a. Je gooit wel wat weg, maar bewaart de nuttige dingen.
b. Je gooit alleen voorwerpen weg waar geen herinneringen aan vastkleven.
c. Je doet overal makkelijk afstand van.
d. Je ruimt alleen op, maar gooit niets weg.

6. *Je favoriete huisdier is al oud en lijdt zichtbaar pijn. De dierenarts raadt jou aan om het dier te laten inslapen. Hoe reageer je?*

a. Je begrijpt dat de arts gelijk heeft en laat het dier direct inslapen.
b. Je begint te huilen en zegt dat je nog een paar dagen bedenk-tijd wilt.
c. Je begrijpt dat de arts gelijk heeft, maar je wilt nog even met het dier alleen zijn om in alle rust afscheid te nemen.
d. Je bent ontroostbaar en zegt dat jij dat niet aankunt.

7. *Hoe reageer je meestal bij het zien van een aangrijpende film?*

a. 'Ach, wat verschrikkelijk zielig.'
b. Je trekt je wenkbrauwen even omhoog maar zegt niets.
c. 'Wat erg eigenlijk.'
d. Je reageert niet, want het is 'maar' een film.

8. Iemand die bekend staat om zijn sterke verhalen vertelt op een feestje een voorval van een ontroerende strekking. Hoe reageer je?

a. Ondanks het feit dat je weet wie het vertelt, krijg je tranen in je ogen.
b. Je reageert niet, want je weet wie het zegt.
c. Je begint spontaan te snotteren.
d. Je stelt vragen over de strekking van het emotioneel getinte verhaal.

9. Een kleuter valt van zijn fietsje en jij ziet het gebeuren. Doordat zijn knie erg bloedt begint het kind hartverscheurend te huilen. Wat doe je?

a. Je kijkt of de wond aan de knie ernstig is.
b. Je begint het kind te troosten en huilt een potje mee.
c. Je zegt direct tegen het kind dat het wel meevalt en bekijkt vervolgens de wond.
d. Je troost het kind en bekijkt de knie uitvoerig.

10. Je partner wil je een van de volgende cadeaus voor je verjaardag geven. Wat kies je?

a. Een boek.
b. Een CD.
c. Gereedschap of een huishoudelijk artikel.
d. Een sieraad.

Antwoorden:

1.	a=2 b=4 c=1 d=3	6.	a=1 b=3 c=2 d=4
2.	a=1 b=4 c=3 d=2	7.	a=4 b=2 c=3 d=1
3.	a=4 b=2 c=3 d=1	8.	a=3 b=1 c=4 d=2
4.	a=3 b=1 c=4 d=2	9.	a=1 b=4 c=2 d=3
5.	a=2 b=3 c=1 d=4	10.	a=2 b=3 c=1 d=4

Ben je emotioneel?

Tot 14 punten

Je bent wel erg nuchter en 'cool'. Als anderen je houding vertalen, komen ze al snel bij de woorden 'hard' en 'onverschillig'. Voor jou geldt 'ruwe bolster, blanke pit'. Het kan geen kwaad om die super nuchtere houding eens te laten varen. We hebben nu eenmaal allemaal gevoelens, en het is geen schande om die ook eens te tonen. Misschien voel jij je daar uiteindelijk zelfs lekkerder bij!

Van 14 t/m 22 punten
Je bent zeer praktisch en nuchter van aard, en op zich is dat geen slechte eigenschap. Doordat je zelden je emoties toont, denken anderen jammer genoeg dat je een ijskast bent. Als je naast de praktische instelling die je hebt, meer emoties zou tonen, dan merk je vanzelf dat die twee elkaar niet bijten!

Van 23 t/m 31 punten
Je bent vrij emotioneel en leeft met alles en iedereen mee. Daarom zullen anderen maar al te graag hun problemen aan jou vertellen. Knap trouwens, dat jij spontaan mee kunt huilen zonder in je tranen te verdrinken.

Van 32 t/m 40 punten
Je bent eerder sentimenteel dan emotioneel, en daardoor heel kwetsbaar. Wanneer iemand je iets naars vertelt, leef je zo sterk mee, dat je er wakker van kunt liggen. En dat terwijl die ander door jouw troost en medeleven weer kan slapen! Probeer voortaan om mee te leven, in plaats van mee te lijden. Je helpt dan net zo goed, en komt bovendien nog aan je broodnodige nachtrust toe.

'Als je nuchter bent, doe je ook nooit zo emotioneel,'
snauwde de vrouw tegen haar dronken man.

Ben je een spaarder of een 'spender'?

E r bestaan veel uitdrukkingen die met geld te maken hebben, zoals 'Geld maakt niet gelukkig' en 'Met geld doe je wonderen, zonder geld is het donderen'. Een spaarder of een 'spender' zijn, is op zich geen punt; zolang je beide eigenschappen maar niet overdrijft. De spaarder wordt dan al snel een gierigaard, en de 'spender' een verkwister. Wat is jouw mentaliteit als het om de keiharde guldens gaat?

1. *Je staat in je stamkroeg met wat vrienden. Een kennis van een van hen vertelt vol trots die dag geslaagd te zijn voor een rijexamen. Hoe reageer je op de mededeling?*

a. Je roept enthousiast dat de geslaagde moet trakteren.
b. Je geeft de hele zaak op jouw kosten een rondje.
c. Je biedt de geslaagde een drankje aan.
d. Je geeft alleen je vrienden een rondje.

2. *Je bent al een tijdje voor een andere auto aan het sparen, maar de zomervakantie staat voor de deur en je bent eigenlijk hard aan ontspanning toe. Wat doe je?*

a. Je viert de vakantie thuis, maar bedenkt wel ontspannende uitstapjes die niet veel geld kosten.
b. Je gaat niet op vakantie.
c. Je boekt toch een dure vakantie en schuift je plannen voor een andere auto op.
d. Je belt een kennis die aan het strand woont, en vraagt of je tijdens de vakantie kunt komen logeren.

3. *Je hebt net Hfl. 50.000,- gewonnen en een aardige kennis vraagt of je hem Hfl. 1.000,- wilt lenen. Wat doe je?*

a. Je leent nooit geld uit, dus waarom nu dan wel.
b. Je leent hem de Hfl. 1.000,- en laat het aan de kennis over, wanneer het terugbetaald wordt.

c. Je leent hem het geld onder de voorwaarde dat je het binnen een maand terugkrijgt.

d. Je geeft het geld cadeau.

4. *Geef jij weleens geld aan een goed doel?*

a. Alleen als er iets te winnen valt.

b. Nooit.

c. Uitsluitend wanneer de giften aftrekbaar zijn.

d. Altijd.

5. *Het weekend staat voor de deur en je koelkast is opvallend leeg. Hoe doe jij de boodschappen?*

a. Je maakt geen boodschappenlijst en koopt wat je lekker vindt.

b. Je maakt wel een boodschappenlijst maar koopt meestal meer.

c. Je kijkt eerst naar de aanbiedingen van de supermarkt, maakt dan een boodschappenlijst en koopt vervolgens heel gericht wat je je voorgenomen hebt.

d. Je koopt niet meer of minder dan de artikelen die op je boodschappenlijst staan.

6. *Je treft onverwachts een kennis en jullie besluiten onder een etentje in een restaurant gezellig wat bij te praten. Jij kiest een bescheiden gerecht, en de ander doet zich echter tegoed aan drie prijzige gangen. Dan komt de rekening. Wat doe je?*

a. Je aarzelt op een subtiele manier en wanneer je kennis aanbiedt de rekening te betalen, stem je daar mee in.

b. Je vraagt de ober of hij twee rekeningen wil maken, zodat ieder voor zich kan betalen.

c. Je oppert om de rekening te delen.

d. Je pakt de rekening en betaalt alles.

7. *Je hebt al weken niet meer gewinkeld. Eindelijk trek je weer eens een middag uit om de stad in te gaan. Waar kijk jij nou het liefst naar tijdens het winkelen?*

a. Alleen de dure artikelen.

b. De duurdere spullen die afgeprijsd zijn.
c. Maakt niet uit, als het maar mooi is.
d. Al de goedkope en dan nog het liefst afgeprijsde artikelen.

8. *Halverwege de vakantie wordt jouw reisgenoot beroofd. Hij wil direct naar huis, want hij heeft alleen nog maar geld voor de terugreis. Je kunt hem het geld wel lenen, maar je weet hoe nalatig hij is als het om terugbetalen gaat. Wat doe je?*

a. Je leent hem het geld, en hoopt dat je het ooit zult terugkrijgen.
b. Je leent de reisgenoot het geld en laat hem voor dat bedrag tekenen.
c. Je stelt voor dat hij alleen teruggaat, want jij hebt nog wel geld om te blijven.
d. Je stelt voor om alle kosten voor hem te betalen, zodat jullie samen kunnen blijven.

9. *Hoe kleed jij je wanneer je naar een chique feest gaat, en genoeg geld hebt om iets nieuws te kunnen aanschaffen?*

a. Je koopt de mooiste en duurste outfit, en verkoopt het nadien weer door.
b. Je huurt een bijzonder kledingstuk.
c. Je tast diep in je buidel voor een prachtige outfit.
d. Je koopt een aparte creatie in de uitverkoop.

10. *Welk motto over geld past het meest bij jou?*

a. Veel geld is fantastisch.
b. Geld maakt niet gelukkig.
c. Geld is gemakkelijk.
d. Wat heb je nou aan geld?

Antwoorden:

1.	a=4	b=1	c=2	d=3	6.	a=4	b=3	c=2	d=1
2.	a=2	b=4	c=1	d=3	7.	a=1	b=3	c=2	d=4
3.	a=4	b=2	c=3	d=1	8.	a=3	b=2	c=4	d=1
4.	a=3	b=4	c=2	d=1	9.	a=2	b=4	c=1	d=3
5.	a=1	b=2	c=4	d=3	10.	a=1	b=3	c=2	d=4

Ben je een spaarder of een 'spender'?

Tot 14 punten
Je bent behoorlijk verkwistend en geniet daar met volle teugen van. Bovendien ben je zo aardig om ook anderen hierin ruim te laten meedelen. Toch is het te hopen dat jouw vrijgevigheid jou niet in de problemen brengt. In dat geval kan het geen kwaad toch eens te kijken, of je een gat in je hand hebt dat een beetje gedicht zou moeten worden.

Van 14 t/m 22 punten
Je bent een echte 'spender', en houdt je geld niet lang in je zak. Je zult altijd de eerste zijn die trakteert, en dat is een sympathieke eigenschap. Maar ja, wees wel voorzichtig dat er niet van jou geprofiteerd wordt. Dat zou je teveel 'kosten', en dat verdien je immers niet?

Van 23 t/m 31 punten
Je geniet op een verantwoorde manier van het leven. Het is jou dan ook niet vreemd om jezelf en anderen op z'n tijd te verwennen. Je bent iemand die voorbereid is op financiële tegenslagen. Vandaar dat je, als het even mogelijk is, meestal wel een appeltje voor de dorst achter de hand hebt.

Van 32 t/m 40 punten
Zuinig zijn is geen verkeerde eigenschap, zolang je maar niet krenterig wordt. Bovendien is het best leuk eens lekker te genieten van al die dingen die je met geld kunt doen. Soms heb je zelfs de neiging je armer voor te doen dan je bent. Er zijn natuurlijk altijd mensen die daar intrappen, behalve... inderdaad, de fiscus!

Er was eens een 'big spender' in Laren
die wilde voor een Ferrari gaan sparen,
maar na een week of tien
hield hij het voor gezien
en zuchtte: 'Op deze manier duurt het nog jaren!'

Ben je extrovert of introvert?

Op een dag besloot de monnik Salim zijn dorp te verlaten en de eenzaamheid op te zoeken. Na tien jaar tijd was zijn dorpsgenoot Fragein erg nieuwsgierig geworden naar de bevindingen van Salim. Hij besloot hem op te zoeken. Toen Fragein na een reis vol ontberingen bij Salim aankwam, wilde hij onmiddellijk alles weten. Salim wachtte geduldig tot Fragein zijn vragenvuur gestaakt had, en uitgeput neerviel.

Een week lang zei de monnik geen woord. Toen doorbrak hij zijn stilzwijgen en vatte in één zin het antwoord op alle vragen samen: 'Alleen in de stilte hoor je de waarheid.'

Een mooie tekst, maar gelukkig bestaat de wereldbevolking niet alleen maar uit mensen als Salim of Fragein. In wie van de twee herken jij je het meest?

1. *Je bent uitgenodigd op een feestje waar je bijna niemand kent. Wat doe je als je daar binnenkomt?*

a. Je gaat wat achteraf staan en wacht tot iemand jou aanspreekt.
b. Je gaat wel bij mensen staan, maar luistert naar de gesprekken zonder er actief aan deel te nemen.
c. Je stapt op wat mensen af, stelt jezelf voor en begint geanimeerd te babbelen.
d. Je voegt je onder de mensen en luistert voornamelijk, waarbij je af en toe een vraag stelt.

2. *Welke van de onderstaande bezigheden doe je het liefst in je vrije tijd?*

a. Een middag door een museum dwalen.
b. Een concert bezoeken.
c. Lekker thuis 'rommelen'.
d. Bij vrienden op bezoek gaan.

3. *Er komt een vriendin bij je langs, die je al tijden niet meer gezien hebt. Ze heeft een prachtige jas aan, maar kennelijk geen nieuwe; want dan had ze zoals altijd naar jouw mening gevraagd en nu vraagt ze niets. Hoe reageer je daarop?*

a. Je roept spontaan: 'Wat een prachtige jas heb je aan!'
b. Je zegt er niets over, omdat jouw mening immers niet wordt gevraagd.
c. Wanneer de vriendin haar jas ophangt, maak je een compliment.
d. Bij het weggaan, vertel je hoe mooi je de jas vindt.

4. *Je besluit lekker te gaan winkelen. In de eerste etalage die je tegenkomt zie je iets wat je heel graag wilt hebben. Het is nog betaalbaar ook, maar wat doe jij in dat geval?*

a. Je loopt de winkel in, bekijkt daar eerst alles op je gemak en koopt dan het artikel.
b. Je loopt de winkel in en koopt het artikel onmiddellijk.
c. Je wilt toch eerst wat vergelijkingsmateriaal en stapt verschillende andere winkels in.
d. Je gaat naar huis om er eerst nog eens goed over na te denken.

5. *Je zit met een aantal vrienden bij elkaar, en een van hen snijdt het onderwerp de doodstraf aan. Hoe reageer je?*

a. Je geeft meteen en ongevraagd je mening.
b. Je hebt wel een mening, maar wilt liever eerst iets meer horen zodat je je mening zonodig nog kunt aanpassen.
c. Je vertelt liever niet wat jij er van vindt, ook al vragen anderen hierom.
d. Je hebt wel een mening, maar geeft die alleen wanneer er nadrukkelijk naar gevraagd wordt.

6. *Als je een avond uitgaat, hoe ga je dan het liefst gekleed?*

a. Je kleding is bij voorkeur onopvallend.
b. Je draagt alleen wat je zelf prettig vindt, ongeacht waar je naartoe gaat.
c. Je draagt alleen extravagante kleding.
d. Je stemt je kleding altijd af op de gelegenheid waar je naartoe gaat.

7. Iemand geeft je onterecht kritiek. Hoe reageer je?

a. Je legt verontschuldigend uit waarom de kritiek ongegrond is.
b. Je reageert niet op onterechte kritiek.
c. Je vertelt waarom jij denkt dat de kritiek onterecht is.
d. Je stelt onomwonden en zonder verdere uitleg, dat de kritiek nergens op slaat.

8. Op een avond word je gebeld door een vriend die iets vervelends heeft meegemaakt. Hij zegt dringend je raad nodig te hebben, waarna jij hem uitnodigt even langs te komen. Hoe pak jij dit aan?

a. Bij de voordeur sta je al klaar met vragen en goed bedoelde raad.
b. Nog tijdens het telefoongesprek wil je alles weten en lever je het nodige commentaar.
c. Zodra de vriend tegenover je zit, vraag je hem uit te leggen wat er nu precies aan de hand is.
d. Wanneer de vriend er eenmaal is, geef je hem alle gelegenheid er uit zichzelf over te beginnen.

9. Je bent op vakantie met je beste vriend(in). Er is genoeg te doen in de omgeving en jullie willen allebei een echte doe-vakantie. In hoeverre bepaal jij de invulling van de vakantie?

a. Je bedenkt iedere dag enthousiast de meest uiteenlopende activiteiten en verwacht dat de ander hierin meegaat.
b. Je laat je vriend bedenken wat jullie zullen doen, maar zegt wel of je er iets voor voelt of niet.
c. Je hebt er geen moeite mee als een ander de dagen invult, je bent toch wel van de partij.
d. Jij bent meestal degene die alles bedenkt, maar overlegt wel of die ander je ideeën leuk vindt.

10. De volgende eigenschappen spreken je hoogstwaarschijnlijk alle vier wel aan. Maar welke staat bij jou het hoogst in het vaandel?

a. Trouw.
b. Eerlijkheid.
c. Enthousiasme.
d. Loyaliteit.

Antwoorden:

1.	a=1 b=2 c=4 d=3	6.	a=1 b=3 c=4 d=2
2.	a=2 b=3 c=1 d=4	7.	a=2 b=1 c=3 d=4
3.	a=4 b=1 c=3 d=2	8.	a=3 b=4 c=2 d=1
4.	a=3 b=4 c=2 d=1	9.	a=4 b=2 c=1 d=3
5.	a=4 b=3 c=1 d=2	10.	a=1 b=3 c=4 d=2

Ben je extrovert of introvert?

Tot 14 punten
Voor jou geldt zonder twijfel de uitdrukking, 'spreken is zilver en zwijgen goud'. Toch is het geen slecht plan je mening eens te laten horen, want je hebt beslist iets te vertellen.

Van 14 t/m 22 punten
Je houdt je graag op de achtergrond, maar laat niet over je heen lopen. Als de nood aan de man is, kom je echt wel voor jezelf op. Je bent weliswaar niet het uitbundige type, maar in de omgang een heel plezierig mens.

Van 23 t/m 31 punten
De mensen kunnen niet om jou heen. Logisch, want je hebt een vlotte babbel, terwijl je ook goed kunt luisteren. Je verwoordt je mening op een verantwoorde manier, zonder de botte bijl te hanteren. En dat dwingt regelmatig de nodige bewondering af.

Van 32 t/m 40 punten
Jij lijkt wel erg veel op Fragein, impulsief en altijd haantje de voorste. Je bent beslist niet op je mondje gevallen en jouw motto is 'Waarom uitstellen als het nu kan'. Mocht je moe van jezelf worden, ga dan eens een weekje bij Salim logeren.

Een extroverte vrouw uit Groenekan
werd gek van haar introverte Jan
ze zei: 'Ik kan het niet meer aan,
je kunt maar beter gaan!'
en daardoor is Jan nu haar ex-man.

Ben je romantisch?

Een groot boeket met rode rozen, een strandwandeling bij volle maan, of een kamer vol kaarslicht. Jij, met je geliefde, voor de brandende open haard terwijl de sneeuwvlokjes langs de ramen dwarrelen. Dat noemen we romantisch, al zit het boordevol clichés. Maar toch... ben jij erg romantisch?

1. *Je partner belt aan het eind van de middag op dat er onverwachts een dringende vergadering gepland is. Je hoort hoe je partner gehaast zegt: 'Ik kan tussendoor niet meer eten en zal pas tegen acht uur thuis zijn.' Wat doe je?*

a. Je eet alvast waarbij je voldoende voor je partner bewaart.
b. Je gaat met een vriend(in) uit eten en legt een briefje neer dat het eten alleen nog in de magnetron opgewarmd hoeft te worden.
c. Je neemt alvast een glas wijn en wat nootjes, maar wacht met eten tot je partner thuis is.
d. Je controleert of er echt een vergadering is.

2. *Het is je gelukt: je hebt een afspraak met de man/vrouw van je dromen. En jij mag bepalen wat jullie die avond gaan doen. Wat wordt het?*

a. Jullie gaan naar de verjaardag van je oud-tante.
b. Je verzorgt een sfeervol etentje met kaarslicht en de juiste achtergrondmuziek bij jou thuis.
c. Je bespreekt een tafeltje in een restaurant met uitzicht op zee.
d. Je gaat naar een discotheek met keiharde muziek.

3. *Je partner komt thuis en geeft je een klein pakje. Het lijkt verdacht veel op een doosje van de juwelier. Wat is je reactie?*

a. Je wordt er verlegen van en omhelst je partner nog voordat je het pakje opent.
b. Je bent nog even druk bezig en zegt: 'Straks schat, ik ben nog even bezig'.

c. Je reageert met de woorden: 'Dat had je nou niet moeten doen', terwijl je het papier er tegelijkertijd afscheurt.
d. Je maakt het pakje liefdevol open en bedankt je partner met een kus op de wang.

4. *Je hebt een vermogen gewonnen in de loterij. Eindelijk kunnen je partner en jij het huis van jullie dromen kopen! Wat wordt het?*

a. Een villa in een buitenwijk.
b. Een kasteeltje in de bossen.
c. Een 'penthouse' in een grote stad.
d. Een woonboerderij op het platte land.

5. *Je bent op een feest beland waar je iemand ontmoet die jou graag wat beter wil leren kennen. Hij/zij vraagt al snel of jullie een afspraak kunnen maken. Het overvalt je een beetje en je neemt de ander nog eens goed op. Waar let je dan op?*

a. Je kijkt naar het figuur.
b. Je let meestal op de manier van praten.
c. Je kijkt vooral naar de manier waarop iemand gekleed gaat.
d. Je kijkt naar de ogen en daarmee zijn/haar uitstraling.

6. *Je gaat voor het eerst met je geliefde op vakantie. Wat voor soort vakantie wordt het?*

a. Een wandelvakantie in de bergen.
b. Een zon-zeevakantie op een rustig eilandje.
c. Een 'survival'-tocht.
d. Een strandvakantie in een drukke badplaats.

7. *Je komt thuis en de huiskamer is geheel verlicht door kaarslicht. Je partner zit bij de open haard met een nog ongeopende fles wijn en twee glazen. Hoe reageer jij hierop?*

a. Je kijkt genietend om je heen, geeft je partner een veelbetekenende blik, en vleit je naast hem/haar voor het haardvuur.
b. Je vraagt geïrriteerd of de stoppen doorgeslagen zijn en pakt alvast een paar nieuwe uit de kast.
c. Je gaat naast je geliefde zitten, ontkurkt de wijn en vertelt wat je die dag gedaan hebt.

d. Je reactie is afhankelijk van de stemming waarin je verkeert.

8. In de huiskamer heb je nog een lege plek aan de muur om iets op te hangen. Waar kies je voor?

a. Een abstract schilderij.
b. Een ingelijste foto van je schoonfamilie.
c. Een zeegezicht met een adembenemende zonsondergang.
d. Een vergroting van de favoriete foto waar jij en je partner elkaar verliefd in de ogen kijken.

9. Op een regenachtige zondag stelt je partner voor een videofilm te huren. Hij vraagt in welke categorie hij er een uit moet zoeken. De keus is aan jou, wat wordt het?

a. Drama.
b. Actie.
c. Romantiek.
d. Horror.

10. Je krijgt op Valentijnsdag een kaart met de uitnodiging voor een etentje. Datum, tijd en naam van het restaurant staan vermeld, net als tafelnummer zes, waar je elkaar zult treffen. De kaart is op geen enkele manier ondertekend, en je hebt geen flauw idee wie de afzender is. Op het tijdstip van de uitnodiging heb je al een afspraak, maar die kun je nog verzetten. Wat doe je?

a. Je bewaart de kaart maar onderneemt niets.
b. Je verzet de afspraak en gaat naar het restaurant.
c. Je gooit de kaart weg.
d. Je zegt je afspraak niet af, maar belt op het genoemde tijdstip naar het restaurant. Je vraagt of je de persoon aan tafelnummer zes even kunt spreken.

Antwoorden:

1.	a=3 b=2 c=4 d=1				6.	a=3 b=4 c=1 d=2		
2.	a=1 b=4 c=3 d=2				7.	a=4 b=1 c=3 d=2		
3.	a=4 b=1 c=2 d=3				8.	a=1 b=2 c=3 d=4		
4.	a=2 b=4 c=1 d=3				9.	a=3 b=2 c=4 d=1		
5.	a=1 b=3 c=2 d=4				10.	a=2 b=4 c=1 d=3		

Ben je romantisch?

Tot 14 punten

Je bent absoluut niet romantisch en wilt dat ook niet zijn. Je partner krijgt meestal praktische cadeaus van je en geen romantische geschenken. Ook bij liefdesverklaringen loop je niet voorop; de woorden 'ik hou van je' zal je partner dan ook zelden tot nooit horen. Je gaat er gewoon vanuit dat de ander wel weet wat je voelt. Best jammer, want als je een bescheiden vleugje romantiek in je leven zou toelaten, zou je dat nog wel eens goed kunnen bevallen.

Van 14 t/m 22 punten

In jouw visie is romantiek een beetje verspilde energie; je voelt je er dan ook niet gemakkelijk bij. Stap toch eens een keer over die streep, en verras je partner en jezelf eens met een romantische avond. Je zult versteld staan hoe positief hierop gereageerd wordt, en niet in de laatste plaats door jou.

Van 23 t/m 31 punten

Je hebt een juiste balans gevonden tussen je verstand en je gevoel. Hierdoor kun je genieten van romantiek, zonder de realiteit uit het oog te verliezen. Iemand als jij wordt dan ook niet snel teleurgesteld als romantiek weer plaatsmaakt voor de dagelijkse gang van zaken. Kortom, je bent vrij evenwichtig. Een prettige bijkomstigheid is, dat jouw partner weet wat hij/zij aan je heeft.

Van 32 t/m 40 punten

Doe jij nog weleens iets anders dan dagdromen, romantisch dineren en liefdesbrieven/gedichten schrijven? Men denkt wel een dat je sentimenteel bent, maar dat interesseert je niet. Je bekijkt de wereld meestal door een roze bril, waardoor je soms wat goedgelovig overkomt. En jammer genoeg proberen anderen daar weleens misbruik van te maken. Als je wat vaker oog probeert te hebben voor de realiteit, dan word je vast wat minder snel teleurgesteld.

Een man in het verre Damascus
gaf een roman cadeau aan zijn zus
'Ach', sprak ze blij
'is dit boek voor mij?
ik geef je een roman-ti-kus!'

Hoe lig je in de markt?

Je hebt types die altijd in het middelpunt van de belangstelling staan, het lijkt deze mensen altijd voor de wind te gaan. Op het werk hebben ze meteen een goede baan en in de liefde kunnen ze aan iedere vinger een 'lover' krijgen. Heeft populariteit iets te maken met iemands uiterlijk, hangt het af van de manier waarop je jezelf 'verkoopt', of ligt het soms aan je uitstraling?

Hoe zit dat bij jou?

Onderstaande test is gesplitst in mannen- en vrouwenvragen, waarbij de eerste tien vragen voor de mannen bedoeld zijn.

Tien vragen voor mannen...

1. *Je loopt op een zomerse dag in een short en t-shirt langs een terras. Hoe reageren de vrouwen?*

a. Ze vragen of je misschien een leuke broer hebt.
b. Ze reageren helemaal niet.
c. Ze fluiten naar je.
d. Ze flirten openlijk met je.

2. *Je loopt in slordige vrijetijdskleding op straat. Je oog valt op een mooie vrouw, die kennelijk zojuist uit een modeblad gestapt is. Ze zoekt iets op een plattegrond maar kan het blijkbaar niet vinden. Wat doe je?*

a. Je loopt snel door zonder om te kijken, het is uitgesloten dat je haar aanspreekt, je bent hier niet op gekleed.
b. Je aarzelt even en bekijkt haar nog eens wat beter, maar uiteindelijk loop je toch door.
c. Je stapt op haar af en vraagt of je misschien kunt helpen.
d. Je stelt voor om iets te gaan drinken, zodat je haar rustig kunt uitleggen waar ze moet zijn.

3. *Je bent op een feest waar alle vrouwen een partner mogen kiezen om het laatste uur mee te dansen. Wat gebeurt er?*

a. Er staan meteen drie aantrekkelijke vrouwen voor je.

b. Er stapt een mooie vrouw op je af, die vervolgens vraagt of je de ober bent.

c. Een onappetijtelijke dame met de bijnaam 'de ramp van de dansvloer' stevent direct op je af.

d. Je wordt door niemand gevraagd.

4. *Je vriendin belt op, ze wil met je praten. Ze is terecht boos, en jij hebt het een en ander goed te maken. Wat doe je?*

a. Je voelt je nogal onzeker, dus ga je direct met een grote bos rozen naar haar toe.

b. Je voelt je onzeker, verontschuldigt je alvast door de telefoon, en zegt dat je wel even langskomt om te praten.

c. Je zult het wel even oplossen en gaat direct naar haar toe. Je glimlacht geruststellend en gooit je effectieve charme in de strijd.

d. Je bent zo zeker van jezelf, dat je zegt nu geen tijd te hebben. Je belooft om binnen een paar dagen langs te komen, en zegt tot slot: 'Maak je geen zorgen, ik hou toch van je!'

5. *Je loopt het café binnen en bent niet vies van een beetje vrouwelijke aandacht. Wat moet je daarvoor doen?*

a. Een glimlach doet wonderen.

b. Niets, je hebt altijd de aandacht.

c. Wat je ook doet, vrouwen reageren toch niet.

d. Op z'n minst een drankje aanbieden.

6. *Je bent de zolder aan het opruimen als er wordt aangebeld. Je weet dat je er niet bepaald aantrekkelijk uitziet. Wanneer je uit het raam kijkt, zie je dat er een vrouwelijke kennis van je voor de deur staat. Je hebt allang een oogje op haar. Wat doe je?*

a. Je doet gewoon alsof je niet thuis bent.

b. Je trekt gauw een schoon shirt aan en haalt een kam door je haar voordat je opendoet. Je nodigt haar niet uit om binnen te komen.

c. Je doet stralend de deur open en vraagt haar of ze even binnen wil komen.

d. Zodra je de deur opent, vraag je of ze binnenkomt. Je verontschuldigt je even en knapt je op.

7. *Je hebt op de baan van je leven gesolliciteerd en weet inmiddels dat je een van de 100 gegadigden bent. Bij je sollicitatiebrief heb je een pasfoto gedaan. Wat denk je dat je kansen zijn?*

a. Hier hoor je nooit meer wat van.
b. Je behoort hoogstwaarschijnlijk tot de drie beste kandidaten.
c. Je zult per omgaande wel horen dat je bent afgewezen.
d. Deze baan krijg je vast en zeker.

8. *Je bent op een feest en een aantrekkelijke vrouw waar jij een oogje op hebt, danst al de hele avond met een knappe man. Wat doe je?*

a. Je tikt de man op zijn schouder en zegt: 'Het spijt me, maar deze dame heeft het beste voor het laatst bewaard'.
b. Je onderneemt niets.
c. Je vraagt of ze de laatste dans voor jou wil bewaren.

d. Je zoekt snel een willekeurige danspartner en probeert op de dansvloer oogcontact met je stuk te krijgen.

9. *Je hebt een afspraak met een vrouw die goed in haar slappe was zit. Jouw budget is wat minder ruim; je haalt haar op in je kleine, gammele autootje. Hoe verwacht je dat ze zal reageren?*

a. Ze zegt dat je ook op de fiets had mogen komen.
b. Ze werpt een blik op de auto en zegt dat je terug mag komen als je een fatsoenlijke auto hebt.
c. Ze reageert vertederd en zoent je spontaan. Ze zegt dat ze vereerd is om in zo'n 'museumstuk' te worden opgehaald.
d. Als ze de auto ziet, krijgt ze ineens een ondraaglijke aanval van migraine en zegt thuis te willen blijven.

10. *Je bent uitgekeken op je baan. Op kosten van de overheid mag je een omscholingscursus doen. Er zijn echter vier mogelijkheden. Welk beroep trekt jou het meest?*

a. Kantoorchef.
b. Chippendale.
c. Bibliothecaris.
d. Zakenman.

Antwoorden mannen:

1.	a=2	b=1	c=4	d=3		6.	a=1	b=2	c=4	d=3
2.	a=1	b=2	c=3	d=4		7.	a=1	b=3	c=2	d=4
3.	a=4	b=3	c=2	d=1		8.	a=4	b=1	c=3	d=2
4.	a=2	b=1	c=3	d=4		9.	a=3	b=2	c=4	d=1
5.	a=3	b=4	c=1	d=2		10.	a=2	b=4	c=1	d=3

Hoe lig je in de markt?

Tot 14 punten

Heb jij vaak je neus gestoten in relaties, of ben je gekwetst door een of meerdere vrouwen? Je hebt geen hoge pet op van jezelf, en daardoor lig je vermoedelijk niet al te best in de markt. Toch hoef je niet op Richard Gere te lijken om af en toe succesvol te zijn bij de dames. Wat charme en lef, vinden de meeste vrouwen juist veel aantrekkelijker dan een ideaal uiterlijk.

Van 14 t/m 22 punten

Al wil je nog zo graag 'macho' en 'cool' overkomen, het gaat je niet erg goed af. Logisch, want zo'n houding past helemaal niet bij je; het heeft totaal geen effect. Je hebt trouwens genoeg andere kwaliteiten waarmee je indruk kunt maken. Probeer daarom eens wat meer jezelf te zijn. Met een beetje meer eigendunk, vallen de vrouwen geheid voor je.

Van 23 t/m 31 punten

Je hebt een gezond stuk eigendunk en ook qua uiterlijk scoor je hoog bij de vrouwen. Je weet wie je bent en hoe er op jou gereageerd wordt. Kortom, jij ligt goed in de markt en dat zul je ongetwijfeld aan de reacties om je heen merken.

Van 32 t/m 40 punten

Het lijkt er verdacht veel op dat jij vooraan stond bij het uitdelen van een aantrekkelijk uiterlijk. Jammer genoeg is dat jou behoorlijk naar 't hoofd gestegen. Misschien denk je wel dat je ontzettend goed in de markt ligt, maar veel vrouwen houden helemaal niet van zulke 'macho's'. Mannen die overlopen van eigendunk vinden vrouwen doorgaans irritant overkomen. Tja, en wat moet je nou, als juist jij op zò'n vrouw verliefd wordt? Er is in dat geval maar één oplossing: *dimmen.*

Tien vragen voor vrouwen

1. *Op een zomerse dag loop je luchtig gekleed langs een bouwplaats. Hoe reageren de mannen die daar werken?*

   a. Ze roepen meteen: 'Kom jij maar even langs vanavond'.
   b. Ze vragen of je een leuke zus hebt.
   c. Er komt helemaal geen reactie.
   d. Ze fluiten goedkeurend het bekende riedeltje.

2. *Je komt de supermarkt uit met een tas vol boodschappen. Je oog valt op een knappe man die geboeid de etalage van een boekhandel bekijkt. Wat doe je?*

   a. Je drentelt een beetje voor de winkel rond en probeert hem via de etalageruit wat beter te bekijken.
   b. Je gaat naast hem staan en laat wat boodschappen vallen, in de hoop dat hij je helpt en een praatje begint.
   c. Je gaat naast hem staan en en spreekt hem aan.
   d. Je loopt snel door.

3. *Je bent op een feest waar de hele avond gedanst wordt. Je bent gek op dansen en kunt het nog goed ook. Word je snel gevraagd?*

   a. Je wordt nooit gevraagd.
   b. Je hebt geen moment rust en kan na iedere dans een nieuwe partner kiezen.
   c. Je wordt hooguit één keer gevraagd.
   d. Als er iemand op je afkomt, is het vermoedelijk iemand die een vuurtje (voor z'n sigaret) vraagt.

4. *Je vriend belt op. Hij is terecht nijdig op je en wil onmiddellijk met je praten. Wat doe je?*

   a. Je voelt je niet bepaald onzeker, maar zegt dat je zo gauw mogelijk zult komen.
   b. Je voelt je onzeker, gaat direct naar hem toe en begint al te huilen voordat hij iets heeft gezegd.
   c. Je voelt je zeker van jezelf en gaat naar hem toe, maar je neemt wel een fles van zijn favoriete wijn voor hem mee.

d. Je bent zo zeker van jezelf, dat je zegt dat hij helemaal niks te willen heeft, je komt wel wanneer je tijd hebt.

5. *Je loopt een café binnen, en zoekt contact met het andere geslacht. Wat moet je doen om de aandacht van mannen te trekken?*

a. Het maakt niet uit wat je doet, ze reageren toch niet.
b. Je moet je op z'n minst sexy kleden.
c. Je hoeft helemaal niets te doen, je heb altijd de aandacht.
d. Even glimlachen en het is gepiept.

6. *Je bent je slaapkamer aan het uitmesten als er wordt aangebeld. Je voelt je vies en bent bezweet. Als je een blik naar buiten werpt, zie je die ontzettende kanjer voor de deur staan. Wat doe je?*

a. Je doet stralend de deur open en vraagt hem binnen.
b. Je doet open, vraagt of hij binnenkomt, en verontschuldigt je even, zodat je je kunt opknappen.
c. Je doet alsof je er niet bent.
d. Je trekt snel een ander shirt aan, haalt een kam door je haar en doet open. Maar je nodigt hem niet uit om binnen te komen.

7. *Voor de baan van je dromen ben je één van de honderd sollicitanten. Bij je sollicitatiebrief heb je een pasfoto gesloten. Wat zijn jouw kansen?*

a. Je krijgt per omgaande bericht dat je afgewezen bent.
b. Je krijgt per omgaande bericht dat je de baan hebt.
c. Je krijgt bericht dat je bij de laatste drie zit.
d. Je hoort nooit meer wat.

8. *Je gaat naar een feestje, waar een man zal komen die je al heel lang bijzonder leuk vindt. Je weet ook dat er een beeldschone vrouw komt, een zekere Charlotte. Zij is zo populair, dat ze iedere man die zij maar wil, kan krijgen. Wat doe je met deze wetenschap?*

a. Je gaat eerst naar de kapper, dan naar de schoonheidsspecialiste, en koopt een outfit waar zelfs Charlotte jaloers op zal zijn.
b. Je gaat niet, want tegen Charlotte kun je niet op.
c. Je staat iets langer voor de spiegel dan normaal.
d. Niets, je bent zelf immers aantrekkelijk genoeg.

9. *Je hebt een afspraakje met een aantrekkelijke meneer. Je bent wat verlaat, dus als hij je komt ophalen heb je nog niets aan je uiterlijk kunnen doen. Hoe denk je dat hij reageert?*

a. Hij zegt dat je er zo natuurlijk uitziet, en begint je te zoenen.
b. Hij zegt dat hij over een uur nog weleens terugkomt.
c. Hij zegt dat je er goed uitziet.
d. Hij zegt ter plekke de afspraak af.

10. *Je bent behoorlijk uitgekeken op je baan en mag op kosten van de overheid een omscholingscursus doen. Er zijn echter vier keuzemogelijkheden. Welk beroep kies jij in dat geval?*

a. Filmster.
b. Cheffin in een winkel.
c. Zakenvrouw.
d. Bibliothecaresse.

Antwoorden vrouwen:

1.	a=4	b=2	c=1	d=3	6.	a=4	b=3	c=1	d=2
2.	a=2	b=3	c=4	d=1	7.	a=2	b=4	c=3	d=1
3.	a=1	b=4	c=3	d=2	8.	a=2	b=1	c=3	d=4
4.	a=3	b=1	c=2	d=4	9.	a=4	b=2	c=3	d=1
5.	a=1	b=2	c=4	d=3	10.	a=4	b=2	c=3	d=1

Hoe lig je in de markt?

Tot 14 punten
Er moet een reden zijn waarom je niet zo goed in de markt ligt. Misschien heb je in het verleden flink de kous op de kop gehad. Probeer dat nou eens en voor altijd uit je leven te bannen. Gooi eens wat charme en eigendunk in de strijd. Je zult zien hoe goed dat werkt. Want heus, je hoeft echt niet op Julia Roberts te lijken om toch succesvol te zijn bij de mannen.

Van 14 t/m 22 punten
Je bent altijd bezig vrouwen te imiteren die je bewondert. Waarom nou toch? Je hebt zelf immers genoeg kwaliteiten waar je trots op kunt zijn en waar je iets mee kunt doen. Probeer jezelf te zijn en laat je eens helemaal gaan. Met een beetje meer eigendunk zal je beslist beter in de markt komen te liggen. En dat wilde je toch?

Van 23 t/m 31 punten

Jij hebt op zich niets te klagen. Je eigendunk is verre van irritant, en ook qua uiterlijk en uitstraling heb je behoorlijk veel bekijks. Toch ben je zelf nog niet altijd tevreden en zou je niet vies zijn van nòg een beetje meer populariteit en aandacht. Echt, dat is in jouw geval onnodig. Je ligt prima in de markt. Maar dat had je toch al gemerkt?

Van 32 t/m 40 punten

Je doet net of het je eigen verdienste is, dat je met zo'n aantrekkelijk uiterlijk geboren bent. Je ligt uitstekend in de markt, maar het zou je goed doen als je er iets minder mee te koop zou lopen. Niet alle mannen houden van een mooie vrouw die boordevol eigendunk zit. Je zult altijd zien, dat je juist op zò'n man verliefd wordt! In dat geval kun je maar één ding doen: *dimmen!*

'Wat denk je', vroeg de jongen
'lig ik goed in de markt?'
'Jazeker zoon', zei de vader
'jij bent een daalder waard!'

Ben je een geschikte ouder?

Ben je geduldig als ouder, of juist snel geïrriteerd? Doe je leuke dingen met je kinderen, of moeten ze het zelf maar uitzoeken? Ben je consequent, of hangt dat van je stemming af?

Veel ouders geven het eerlijk toe, het ouderschap is geen eenvoudige opgave. Het zijn vooral de mensen zonder kinderen, die de illusie koesteren dat ZIJ het wèl goed zouden doen. Hoe 'scoor' jij als ouder?

1. *Je dochter van zeven heeft sinds twee maanden haar zwemdiploma op zak. Op een warme vakantiedag gaan jullie samen naar het strand. De zee ziet er onrustig uit en de golven zijn hoog. Je dochtertje wil natuurlijk dolgraag zwemmen. Laat jij daar nu toevallig een vreselijke hekel aan hebben! Wat nu?*

a. Je gaat een stukje mee het water in en blijft in de branding kijken naar je zwemmende dochtertje.
b. Je vertelt je dochtertje dat ze niet mag zwemmen, want je hebt absoluut geen zin om mee te gaan.
c. Voor de verandering ga je ook eens zwemmen, zodat je alles goed in de gaten kan houden.
d. Je verbiedt het meisje om te zwemmen, je vindt het te gevaarlijk.

2. *Je hebt al een paar maal behoorlijke ruzie gehad met je zoon van zestien; hij dramt maar door over een paar merkschoenen van Hfl. 300,-. Je hebt zojuist een flinke financiële meevaller gehad, en zou ze makkelijk kunnen betalen. Toch vind je het een belachelijk hoog bedrag voor een paar schoenen. Wat doe je?*

a. Je zegt hem dat hij ze mag kopen, mits hij er zelf voor gaat werken in zijn vrije tijd.
b. Je bent er principieel op tegen dat hij in zulke dure schoenen rondloopt en legt hem dat ook uit.
c. Je biedt hem aan de helft van de schoenen te betalen; voor de andere helft moet hij een baantje zoeken.
d. Je koopt die schoenen om eindelijk van het gezeur en de ruzies af te zijn.

3. *Op een dag komt je zoon van acht heel enthousiast thuis. Hij heeft trucjes geleerd om expres 'boeren' en 'winden' te kunnen produceren en roept dat hij het wel even voor zal doen. Hoe reageer jij hierop?*

a. Je wilt er niets van weten en legt uit waarom.
b. Je laat hem zijn kunsten vertonen, zegt dat je het knap vindt van hem, maar legt dan uit dat hij dat niet overal kan doen.
c. Je weet je geen raad als hij zijn boer- en windtrucjes vertoont. Je wordt boos en zegt dat je het nooit meer wilt horen.
d. Je moet verschrikkelijk lachen en doet naar hartelust mee.

4. *Je dochter van zes komt thuis met een paar rollen snoep, maar je weet dat ze geen geld op zak had. Na wat vragen blijkt het lekkers gestolen te zijn. Wat doe je?*

a. Je doet niets en denkt, ach, het is maar snoep.
b. Je wordt boos en stuurt haar met de rollen snoep terug naar de winkel.
c. Je wordt erg kwaad en stuurt je kind zonder uitleg naar boven.
d. Je legt uit waarom ze het snoep moet terugbrengen en gaat zelf mee naar de winkel.

5. *Je zoon en dochter, respectievelijk 12 en 13 jaar, willen dolgraag naar de bioscoop. Aan de film die zij willen zien, is een minimum leeftijdsgrens van 16 jaar verbonden. Nu doet men daar in de betreffende bioscoop niet zo moeilijk over. Mogen jouw kinderen naar die film?*

a. Ja hoor, waarom niet.
b. Je gaat de film eerst zien en bepaalt dan, of de kinderen mogen gaan.
c. Voordat je een beslissing neemt, lees je eerst de recensie van de betreffende film.
d. Nee, geen sprake van.

6. *Je hebt een kind van zeven jaar, met een sterk verantwoordelijkheidsgevoel. Als je kind boodschappen voor je doet in de buurtwinkel op de hoek, geef jij dan geld mee?*

a. Je geeft zonder meer je portemonnee mee.
b. Je geeft je portemonnee met afgepast geld mee.
c. Je geeft je portemonnee mee, maar vraagt wel om een bonnetje.

d. Je geeft geen geld mee, je vindt het beter dat de boodschappen opgeschreven worden.

7. *Je zoon van tien komt thuis en vertelt je dat hij het buurjongetje een bloedneus heeft geslagen. Wat zeg jij tegen hem?*

a. Je vraagt wat er gebeurd is, waarna je hem vertelt dat slaan nooit de oplossing is, al ben je nog zo boos en al heeft de ander het zelfs uitgelokt.
b. Je vraagt eerst wat er gebeurd is en laat hem vervolgens zijn excuses aanbieden. Je vertelt dat slaan nooit een goede oplossing is.
c. Je zegt: 'Goed gedaan joh, kom maar flink voor jezelf op'.
d. Je vraagt geen uitleg, wordt boos en stuurt je zoon meteen naar boven.

8. *Onder het bed van je zoon van 14 vind je tijdens het stofzuigen een aantal pornobladen. Je weet dat ze er niet liggen omdat hij onvoldoende seksueel voorgelicht zou zijn. Wat doe je nu?*

a. Je wordt heel kwaad en zegt hem dat je die rommel nooit meer in je huis wilt hebben.
b. Je haalt ze weg en legt hem daarna uit waarom je dat gedaan hebt.
c. Je laat ze liggen, zegt wat je gevonden hebt en legt uit waarom je zulke bladen niet geschikt vindt. Je vraagt hem wel ze zelf weg te gooien.
d. Je laat ze liggen, want je vindt het prima dat je kind zulke bladen leest.

9. *Je hebt het de hele week razend druk gehad en bent doodmoe. Je hoofd loopt om, en juist die dag geeft je kind een verjaarspartijtje. Je hebt beloofd spelletjes met de kinderen te doen en patat te bakken. Wat doe je?*

a. Je laat de kinderen wat aanrommelen en haalt patat uit de snackbar.
b. Je gaat met de kinderen naar de bioscoop en koopt patat in de snackbar.
c. Je haalt alle energie uit jezelf om spelletjes te doen, en besluit om het eten te halen.
d. Je doet je best om zo enthousiast mogelijk spelletjes met de kinderen te doen, en bakt zelf de patat.

10. Je gaat met je dochter van 6 op visite. Ze glijdt per ongeluk uit over de gladde vloer en neemt in haar val een kostbare vaas mee. Ze schrikt er nogal van en begint te huilen. Hoe reageer jij?

a. Je helpt je dochtertje op te staan, troost haar even, en zegt dat je weet dat zij er niets aan kon doen.
b. Je geeft haar zonder pardon een draai om de oren.
c. Je begint meteen de brokstukken op te rapen.
d. Je helpt je dochtertje op te staan, waarna je de brokstukken opruimt.

Antwoorden:

1.	a=3	b=1	c=4	d=2		6.	a=4	b=2	c=3	d=1
2.	a=4	b=2	c=3	d=1		7.	a=3	b=4	c=1	d=2
3.	a=3	b=4	c=1	d=2		8.	a=2	b=3	c=4	d=1
4.	a=1	b=3	c=2	d=4		9.	a=1	b=2	c=3	d=4
5.	a=1	b=4	c=3	d=2		10.	a=4	b=1	c=2	d=3

Ben je een geschikte ouder?

Tot 14 punten
Zeurende kinderen irriteren jou mateloos. Je houdt daar nu eenmaal niet van. Maar ja, de meeste kinderen zijn daar een ster in! Toch is het niet zo slim ze steeds hun zin te geven, zodat je er weer even vanaf bent. Misschien geeft een duidelijke uitleg en een consequentere aanpak iets meer resultaat. Zowel het gezeur als de irritatie die je voelt, zal dan hoogstwaarschijnlijk wat minder worden.

Van 14 tot 22 punten
Het leek allemaal zo simpel toen je nog geen kind(eren) had. Je wist precies hoe jij het zou doen en had misschien zelfs wel kritiek op ouders die in jouw ogen faalden. Maar nu je zelf kinderen hebt, sta je regelmatig met je handen in het haar. Opvoeden kan knap lastig zijn, en het wordt je vaak niet gemakkelijk gemaakt. Denk nog eens terug aan je eigen kindertijd, dat zou je misschien nog iets kunnen vertellen.

Van 23 tot 31 punten
Jij neemt het ouderschap heel serieus en bent verre van gemakzuchtig in de opvoeding. Je staat altijd klaar voor je koter(s) en als je iets

verbiedt, ben je niet te beroerd om uit te leggen wat daarvan de reden is. Je dwingt op een natuurlijke manier respect af bij je kinderen, en ze weten wat ze aan je hebben. Bovendien ben je in staat om naast het ouderschap ook nog eens aan jezelf te denken.

Van 32 tot 40 punten

Wanneer er een prijs uitgereikt zou worden voor 'de ouder van het jaar', dan zou jij deze vast winnen! Het is natuurlijk fantastisch zo intensief met het ouderschap om te gaan. Toch ligt er een klein gevaar op de loer, want je hebt de neiging jezelf soms teveel weg te cijferen. Het kan geen kwaad om eens wat meer aan jezelf te denken; je koter(s) zal/zullen daar echt niets aan overhouden. Daar zorg jij immers wel voor?

Er was eens een jongen in Hindeloopen
die wilde zijn ouders dolgraag verkopen
'Nou', zei z'n zus,
'dat wordt nog een klus
want hun ouderschap is al verlopen!'

Ben je stressbestendig?

In onze huidige maatschappij worden we veelvuldig met stress geconfronteerd; niet alleen in je werk maar ook in je privé-sfeer.

Wanneer je kunt toegeven dat je stressgevoelig bent, heb je de helft al gewonnen. Stress kan de meest uiteenlopende klachten veroorzaken, dus juist hiervoor geldt 'voorkomen is beter dan genezen'. Kun jij dat?

1. *Je partner belt aan het eind van de ochtend en vertelt je dat er vier zakenrelaties uit het buitenland zijn overgekomen. Ze blijven tot de volgende dag. Omdat je geliefde een zakelijke 'deal' met hen wil afsluiten, stelt hij/zij voor dat jij voor die avond een diner bereidt. Het kan van grote invloed zijn op de baan van je partner. Hoe reageer je hierop?*

a. Paniekerig zeg je dat je dat absoluut niet aankunt.
b. Je zegt dat het goed is, maar dat je de traiteur belt voor een kant en klaar driegangenmenu.
c. Je besluit direct aan de slag te gaan; je ziet wel hoe ver je komt.
d. Je zegt dat het dan maar 'moet' en begint met tegenzin aan de voorbereiding.

2. *Je bent 's morgens naar de supermarkt geweest. 's Middags moet je dringend met de auto weg, maar je sleutels zijn spoorloos verdwenen. Je bent al aan de late kant, wat nu?*

a. Je bedenkt je ineens dat je nog reservesleutels hebt, en besluit straks bij thuiskomst de zoekgeraakte sleutelbos op te sporen.
b. Je raakt zo in paniek, dat je in tranen uitbarst. Je herinnert je bijna niets meer, en vergeet zelfs dat je reservesleutels hebt.
c. Je haalt nerveus je hele huis overhoop.
d. Je gaat voor jezelf na, waar je eerder die dag bent geweest en waar je de sleutels voor het laatst hebt gezien.

3. *Als jij na een enerverende dag de spanningen even los wilt laten, hoe raak je die dan kwijt?*

a. Je zet alles even rustig op een rijtje, waardoor de spanningen vanzelf verdwijnen.
b. Je moet op z'n minst sporten om de spanningen kwijt te raken.
c. Je hebt nooit last van spanningen, dus hoef je niets speciaals te doen.
d. Niets helpt, wat je ook doet. Spanningen blijven altijd verschrikkelijk om je heen hangen.

4. *Je bent op weg naar een belangrijke afspraak en een beetje aan de late kant. Je belandt in een file en hebt geen autotelefoon. Wat doe je?*

a. Je kunt alleen maar foeteren en schelden en ziet paars van ergernis.
b. Je stapt uit en zoekt een automobilist met autotelefoon, waarna je opbelt met de mededeling dat je verlaat bent.
c. Je denkt direct: echt weer iets voor mij, en zoekt op de autoradio een lekker muziekje op.
d. Je bekijkt meteen op de kaart of je een andere route zou kunnen nemen.

5. *Eindelijk is het zover, je hebt drie weken vakantie! Na een lange tijd vol spanningen op je werk kan de druk weer van de ketel. Hoe ziet de eerste week van jouw vakantie er uit?*

a. Je slaapt voornamelijk en voelt je nogal lusteloos.
b. Je slaapt veel en bent wat onrustig, toch kom je tot niets.
c. Je slaapt uit, leest en wandelt en komt zo vanzelf tot rust.
d. Je kunt meteen genieten van je vrije dagen, de spanningen heb je op je werk laten liggen.

6. *In een opwelling besluit je jouw verjaardagsfeest dit keer groots aan te pakken. Je verstuurt veertig uitnodigingen, waarin staat dat het feest om 14.00 uur 's middags al begint en tot diep in de nacht zal duren. Wat gebeurt er vervolgens?*

a. Je vindt het idee steeds leuker en bedenkt van alles om die dag tot een groot succes te maken.
b. Je vindt het nog steeds een goed idee, maar je neemt je voor het jezelf niet al te moeilijk te maken.
c. Je krijgt spijt van je opwelling en zou alle uitnodigingen wel weer terug willen halen. Je weet niet waar je moet beginnen om alles voor het feest te regelen.

d. Je realiseert je dat het een flinke klus zal zijn en denkt: als me dat maar lukt.

7. *Je hebt een drukke dag en iedereen probeert je op te jagen. Wat doe jij wanneer je opgejaagd wordt?*

a. Je raakt zo geïrriteerd dat je met iedereen ruzie maakt.
b. Je doet ontspanningsoefeningen.
c. Je wordt erg nerveus en bijt al je nagels eraf.
d. Je laat je nooit opjagen.

8. *Je hebt een chaotische werkweek voor de boeg, waarin je overdag geen tijd voor jezelf zult hebben. In je agenda zie je bovendien, dat alle avonden ook vol zitten met afspraken. Wat nu?*

a. Je vindt het wel wat veel en verzet twee afspraken.
b. Bij het zien van de overvolle agenda raak je in paniek en belt alle afspraken af.
c. Je stelt je in op het drukke programma en probeert er het beste van te maken.
d. Je ziet als een berg tegen die week op, maar verzet geen enkele afspraak.

9. *Je hebt voor het weekend allerlei zaken gepland in en om het huis. Onverwachts krijg je een flinke tegenvaller door een tijdrovende klus. Je hele schema loopt in de soep. Wat doe je?*

a. Je raakt geïrriteerd en maakt om niets en met iedereen ruzie.
b. Je bent helemaal van slag en er komt niets meer uit je handen.
c. Je zorgt ervoor dat alles weer zo snel mogelijk volgens plan kan verlopen.
d. Je bekijkt wat je die dag kunt schrappen om het jezelf niet moeilijk te maken.

10. *Na een drukke werkperiode ga je in je eentje op vakantie naar Frankrijk. Halverwege de reis begeeft je auto het. In de garage weet men niet hoelang de reparatie zal gaan duren. Wat doe je?*

a. Je bespreekt ter plekke een hotel en ziet wel wanneer de auto klaar is.
b. Je neemt de tijd om na te denken wat je het beste kunt doen.

c. Je kunt de situatie niet meer overzien en wilt zo snel mogelijk met een huurauto terug naar huis.

d. Je wordt chagrijnig en scheldt de garagemonteur de huid vol, omdat jouw vakantie nu verknald is.

Antwoorden:

1.	a=1	b=3	c=4	d=2		6.	a=4	b=3	c=1	d=2
2.	a=4	b=1	c=2	d=3		7.	a=1	b=3	c=2	d=4
3.	a=3	b=2	c=4	d=1		8.	a=3	b=1	c=4	d=2
4.	a=1	b=4	c=2	d=3		9.	a=1	b=2	c=4	d=3
5.	a=2	b=1	c=3	d=4		10.	a=4	b=3	c=2	d=1

Ben je stressbestendig?

Tot 14 punten

Je bent zonder twijfel erg gevoelig voor spanning, bij het minste of geringste ben je al van slag. Daarom ben je dus verre van stressbestendig, en dat is niet alleen jammer, maar vooral lastig. Voor jezelf en je omgeving zou het een uitkomst zijn, als je eens wat minder zwaar op de hand zou proberen te leven. Bovendien is dat een stuk gezonder dan al die stress in je lijf.

Van 14 t/m 22 punten

Echt stressbestendig ben je niet. Was je dat wel, dan had je veel meer plezier in je leven dan nu het geval is. Je vraagt weleens teveel van jezelf, maar of dat altijd zo verstandig is? Echt, het kan ook anders. Zorg als het even kan voor voldoende ontspanning. Je mag er overigens trots op zijn, dat je stressgevoelige situaties in ieder geval niet angstvallig uit de weg gaat.

Van 23 t/m 31 punten

Je bent behoorlijk stressbestendig, het lijkt wel alsof je door schade en schande wijs bent geworden. Zodra jij de dreiging van een stressgevoelige situatie voelt, weet je de wegen te bewandelen die tot een oplossing leiden. Anderen kunnen een voorbeeld aan je nemen.

Van 32 t/m 40 punten

Jij houdt altijd het hoofd koel en laat je niet gek maken; je bent zonder twijfel stressbestendig. Wat dat aangaat, kunnen anderen even tegen jou aanleunen. Als het hen teveel wordt, ben jij een ware rots in de branding. Je neigt weleens naar onverschilligheid, en het is nog maar de vraag of je zo ook wìlt overkomen.

Een leraar in Eemnes
kreeg plotseling last van stress
hij smeet met zijn tas
en gilde door de klas:
'Hier geef ik nooit meer les!'

Ben je welgemanierd?

G oede manieren gaan verder dan met mes en vork eten. Het heeft alles te maken met omgangsvormen. Respect en rekening houden met anderen hoort er ook bij. Over het algemeen weet je wel hoe het 'hoort'. Maar ja, doe je het in de praktijk ook?

1. *Je hebt de hele dag door de stad geslenterd en stapt bekaf in de bus naar huis. De bus zit vol met uitgelaten tieners en er is nog één zitplaats vrij. Bij de volgende halte stapt er een oude dame in, ze is zo te zien slecht ter been. De tieners in de bus blijven allemaal zitten. Wat doe je?*

a. Je zegt tegen de tieners, dat één van hen op moet staan voor de oude dame.
b. Je blijft zitten, want je bent te moe om op te staan.
c. Je biedt de oude dame direct je plaats aan.
d. Je vraagt één van die tieners op te staan voor de oude dame. Wanneer aan je verzoek geen gehoor gegeven wordt, sta je zelf op.

2. *Je bent uitgenodigd voor een etentje. Als de gastvrouw het eten op tafel heeft gezet, moet zij nog even naar de keuken. Er is niemand anders aanwezig. Wat doe je?*

a. Je wacht tot je gastvrouw weer aan tafel zit, schept jezelf op en zegt: 'eet smakelijk'.
b. Je schept je alvast voor jullie allebei op en wacht met eten totdat de gastvrouw aan tafel zit.
c. Je houdt niet zo van koud eten, dus wacht je niet op de gastvrouw. Je schept jezelf op en begint alvast te eten.
d. Je wacht tot de gastvrouw zit, maar schept pas op wanneer je daartoe wordt uitgenodigd. Je wacht bovendien tot zij ook opschept, en begint na de woorden: 'Eet smakelijk' te eten.

3. *In de supermarkt begint een ouder iemand op joviale manier een gesprek met jou. Spreek je die ander met 'je' en 'jij', of met 'u' aan?*

a. Je zegt 'u', totdat die persoon zelf voorstelt om 'je' te zeggen.

b. Je vraagt vrijwel direct of je hem/haar mag tutoyeren.
c. Je vraagt de ander gelijk naar de voornaam.
d. Je zegt gewoon 'je' en 'jij'.

4. *Houd jij rekening met mensen achter je, wanneer je door een klapdeur loopt?*

a. Je kijkt even achterom en houdt de deur open als er iemand aankomt. Tenminste… als je geen haast hebt.
b. Je kijkt altijd achterom, en wanneer er iemand aankomt houd je altijd de deur open, haast of geen haast.
c. Je kijkt wel achterom, maar alleen om te kijken of er een ouder iemand achter je loopt. In dat geval laat je de deur niet dichtklappen.
d. 'Eh…, de mensen achter me? Hoezo?'

5. *Je zit met een aantal mensen in een restaurant. Je hebt heerlijk gegeten en snakt nu naar een sigaret. Je ziet dat de overige mensen aan tafel nog niet klaar zijn. Wat doe je?*

a. Je steekt een sigaret op.
b. Je haalt een sigaret tevoorschijn en zegt: 'Eten jullie maar gerust door terwijl ik rook, het stoort me niet.'
c. Je wacht tot iedereen klaar is met eten en vraagt dan, of iemand er bezwaar tegen heeft als je een sigaret opsteekt.
d. Als iedereen klaar is met eten, steek je een sigaret op.

6. *Je hebt een afspraak met een nieuwe zakenrelatie op kantoor. Je bent aan de vroege kant, en de man kan elk moment terugkomen van de lunch. De secretaresse nodigt je uit in zijn kantoor te wachten. Ze vergeet je aan te bieden alvast plaats te nemen. Wat doe je?*

a. Je loopt nieuwsgierig door het kantoor.
b. Je gaat zitten en blijft zitten, ook als de zakenrelatie binnenkomt.
c. Je gaat zitten en staat op wanneer de zakenrelatie binnenkomt.
d. Je blijft staan.

7. *Het is prachtig weer en veel buurtbewoners zitten in de tuin. Ook jij installeert je in de tuin. Languit in de zon zet je de koptelefoon van je walk-man op je hoofd en drukt vol verwachting op 'play'. Er gebeurt niets. Tot je grote ergernis ontdek je dat de batterijen leeg zijn. Wat nu?*

a. Je denkt: dan maar even geen muziek.
b. Je stopt het bandje in de geluidsinstallatie in de huiskamer, en gaat zo dicht mogelijk bij de open deur zitten. Je zorgt ervoor dat het geluid niet hinderlijk voor de buren is.
c. Je zet de geluidsinstallatie op volle sterkte, ook al zijn de buren thuis.
d. Als je weet dat je naaste buren niet thuis zijn zet je de geluidsinstallatie binnen hard aan.

8. *Je zit met een aantal mensen aan tafel en hebt zojuist je laatste hap genomen. Wat doe je dan?*

a. Je legt het bestek op de rand van je bord, pakt je servet naast je bord en veegt je mond af.
b. Je legt het bestek volgens de voorgeschreven etiquette op je bord, haalt je servet van je schoot, veegt je mond af en legt het naast je bord.
c. Je legt het bestek naast je bord, en veegt je mond met de rug van je hand af.
d. Je legt je bestek naast je bord, maakt je mond schoon met de manchet van je blouse, veegt onopgemerkt je handen aan het tafelkleed af en zegt voldaan dat je bijna uit elkaar ploft.

9. *Je gaat naar een verjaardagsfeest. Behalve de jarige ken je daar verder niemand. Wat doe je als je binnenkomt?*

a. Je gaat zitten en doet verder niets.
b. Je gaat zitten en stelt je alleen voor aan de mensen die naast je zitten.
c. Je steekt je hand op en zegt: 'Hallo allemaal, ik ben...'.
d. Je schudt iedere aanwezige de hand, stelt je voor en doet dat in volgorde van geslacht (eerst de dames, dan de heren) en leeftijd (eerst de ouderen, dan de jongeren).

10. *Op een feest sta je bij een paar vrienden en vriendinnen, die over 'goede manieren' praten. De een vindt het fantastisch om in haar jas geholpen te worden. Een ander beweert dat het belachelijk is om de deur voor iemand open te houden. Dan wordt gevraagd in hoeverre jij welgemanierd bent. Wat zeg jij dan?*

a. Je legt uit dat je erg veel waarde hecht aan goede manieren.
b. Je vertelt dat je al die goede manieren nogal ouderwets vindt.
c. Je laat duidelijk merken dat zoiets sterk afhangt van je stemming.
d. Je zegt dat je alleen tegenover oudere mensen een beroep op je goede manieren doet.

Antwoorden:

1.	a=2 b=1 c=4 d=3	6.	a=2 b=1 c=3 d=4
2.	a=3 b=2 c=1 d=4	7.	a=4 b=3 c=1 d=2
3.	a=4 b=3 c=1 d=2	8.	a=3 b=4 c=2 d=1
4.	a=3 b=4 c=2 d=1	9.	a=1 b=3 c=2 d=4
5.	a=1 b=2 c=4 d=3	10.	a=4 b=1 c=2 d=3

Ben je welgemanierd?

Tot 14 punten
Tja..., wat vind je zelf van deze score? Het is inderdaad wat aan de lage kant. Het lijkt erop dat je veelal maling hebt aan goede manieren. Misschien kun je iets met de vergelijking 'welgemanierdheid in het leven, is als de jus over de aardappelen'. Maar ja, misschien hou je helemaal niet van jus.

Van 14 t/m 22 punten
Goede manieren zijn niet je grootste hobby. Je laat dat met liefde aan anderen over. Toch jammer, want je weet wel hoe het hoort en je kunt het beslist. Je zult merken dat er een nieuwe wereld voor je opengaat wanneer je wat meer aandacht aan je omgangsvormen besteedt.

Van 23 t/m 31 punten
Je kent de meeste regels, al denk je weleens dat jij de enige bent die goede manieren op prijs stelt. Zoals jij anderen tegemoet treedt, zou je zelf ook behandeld willen worden. Geef de moed nog niet op,

want je bent een voorbeeld voor anderen. Hopelijk wil je dat ook blijven.

Van 32 t/m 40 punten
Ben jij toevallig DE uitvinder van welgemanierdheid? Je hoeft er zelfs niet eens bij na te denken, goede manieren zijn voor jou heel vanzelfsprekend. Je hecht er veel waarde aan, en laat jouw manieren nooit afhangen van het gedrag van een ander. Wat er ook gebeurt, jij blijft je goede omgangsvormen altijd trouw. Wanneer iedereen er zo mee om zou gaan als jij, zou de wereld er een stuk plezieriger uitzien.

Er was eens een man in Linden
die liet alsmaar boeren en winden
toen riep zijn vrouw boos
'Zeg, luister eens Koos
ik kan dit niet leuk meer vinden.'

Leef je gezond?

Sommige mensen kunnen werkelijk alles eten zonder ook maar één grammetje aan te komen. Anderen hebben een bloeddruk om jaloers op te worden, terwijl zij amper beweging krijgen. Er bestaan zelfs nog steeds mensen, die bij het woord 'stress' aan je vragen: 'Hoe voelt dat eigenlijk?' Het is natuurlijk fantastisch om oergezond te zijn, maar doe je ook je best om het te blijven?

Ach, we weten het wel: verkeerde eetgewoonten, sigaretten, alcohol, stress en gebrek aan lichaamsbeweging. En dat alles kan vroeg of laat een negatieve invloed op je gezondheid hebben. Maar weten wat goed voor je is, en er ook daadwerkelijk naar leven, dat zijn twee verschillende dingen. Hoe zit dat bij jou?

1. *Hoe ga jij met medicijngebruik om bij kwaaltjes als hoofd-, buik- of maagpijn?*

a. Zodra je ook maar iets voelt wat je hindert, sta je al bij het medicijnkastje.
b. Je gebruikt alleen medicijnen op voorschrift van de arts.
c. Als er beslist geen alternatieven meer zijn, slik je medicijnen.
d. Je probeert de kwaal eerst met homeopathische middelen op te lossen maar wanneer je het werkelijk niet meer uithoudt van de pijn neem je een allopathisch middel.

2. *Je bent tijdens de feestdagen nogal 'happig' geweest als het eten op tafel stond. Volgens de weegschaal ben je kilo's aangekomen. Je hoopt nog even dat het apparaat kapot is, maar helaas, je kunt er niet meer omheen. Wat nu?*

a. Je gaat lijnen, maar zorgt wel voor de nodige vitaminen. Je houdt het vol totdat de overtollige kilo's eraf zijn.
b. Je doet wel een poging om te lijnen, maar binnen een paar dagen houd je het voor gezien.
c. Je stopt na de maaltijden een vinger in je keel, zodat je alles kunt eten en toch afvalt.
d. Je eet zo verstandig mogelijk, zonder nadrukkelijk te lijnen. Je geeft je daarbij ook op voor fitnesstraining.

3. *Je vindt in de brievenbus een proefnummer van een nieuw tijdschrift over 'gezond leven'. Lees jij dat?*

a. Je leest het zeker, wie weet wat je er nog van opsteekt.
b. Je vindt dat grote onzin en leest het absoluut niet.
c. Je leest het alleen als je je op dat moment niet zo lekker voelt.
d. Je hebt er geen behoefte aan.

4. *Het is een prachtige dag: helderblauwe lucht, een stralende zon en een temperatuur van 25 graden. Je hebt geen afspraken of andere verplichtingen; je bent de hele dag vrij. Wat doe jij het liefst op zo'n zonnige vrije dag?*

a. Je pakt op het strand of in de tuin zoveel mogelijk zonnestraaltjes.
b. Je maakt een fietstocht.
c. Je maakt het liefst een wandeling in een mooie omgeving.
d. Je gaat op het terrasje van je stamcafé in de zon zitten, genietend van de nodige hapjes en drankjes.

5. *Tijdens de wintersport in Oostenrijk logeer je in een fantastisch hotel. De maaltijden zijn in buffetvorm en bij het ontbijt kun je kiezen uit verschillende broodsoorten. Welk brood eet jij dan het liefst?*

a. Voornamelijk witte broodjes en als het even kan... een roombotercroissant.
b. In elk geval wat bruine broodjes en daarna nog één of meerdere witte.
c. Je kiest voor het volkorenbrood en eet bij uitzondering wit brood.
d. Je eet voornamelijk biodynamisch brood.

6. *Je bezoekt een vriendin bij jou in de buurt. Ze woont op fiets-/loopafstand, en je hebt zowel een fiets als een auto. Ga je dan lopen, op de fiets, of met de auto?*

a. Je pakt de auto als het slecht weer is, en anders ga je op de fiets.
b. Je gaat altijd met de auto.
c. De ene keer met de fiets, de andere keer ga je lopen.
d. Alles is mogelijk, het is afhankelijk van je bui.

7. *Je bent op kraamvisite en hebt net een stuk taart naar binnen gewerkt. Dat smaakt duidelijk naar meer. De kersverse vader raadt jouw gedachten en zegt: 'Ik heb nog een halve taart over, neem zoveel je wilt.' Wat zeg jij tegen hem?*

a. 'Nee, dank je.'
b. 'Het is wel verleidelijk, maar ik denk er nog even over.'
c. 'Heerlijk, ik lus er nog wel twee!'
d. 'Het is niet verstandig, he? Nou ja, één stukje dan.'

8. *Voor welke gerechten mogen ze jou 's nachts wakker maken?*

a. Een kroket of frikandel met mayonaise.
b. Nergens voor, je nachtrust is je heilig.
c. Een patatje 'oorlog'.
d. Een vruchtensalade van vers fruit.

9. *Je hebt het al weken achtereen behoorlijk druk gehad. De komende tijd zal daar ook geen verandering in komen en je voelt je nogal gespannen. Hoe ga jij met deze spanningen om?*

a. Je eet zoveel mogelijk lekkere dingen.
b. Je rookt wat meer en/of drinkt wat extra alcohol.
c. Je gaat zo vaak mogelijk sporten.
d. Je bent nooit erg gespannen, je voorkomt dergelijke situaties.

10. *Na een vermoeiende werkdag kom je tegen acht uur 's avonds thuis. Hoe zit het met het eten?*

a. Je kunt geen hap meer door je keel krijgen.
b. Je warmt een kant en klare maaltijd op.
c. Je bereidt een maaltijd met verse groenten.
d. Je laat een pizza komen.

Antwoorden:

1.	a=1	b=2	c=4	d=2	6.	a=3	b=1	c=4	d=2
2.	a=3	b=2	c=1	d=4	7.	a=4	b=3	c=1	d=2
3.	a=4	b=1	c=2	d=3	8.	a=1	b=4	c=2	d=3
4.	a=2	b=4	c=3	d=1	9.	a=2	b=1	c=3	d=4
5.	a=1	b=2	c=3	d=4	10.	a=1	b=3	c=4	d=2

Leef je gezond?

Tot 14 punten
Jij bent een levensgenieter bij uitstek, en dat is ook een kunst. Je spant je liever niet onnodig in en leeft dan ook onder het motto, 'gemak dient de mens'. Voor jou geen 'konijnenvoer', want eten moet een lekkere en gezellige bezigheid zijn. Maar ja, als je zo lang mogelijk van een gezond leven wilt genieten, zou je misschien ietsjes meer aandacht aan je gezondheid kunnen besteden.

Van 14 t/m 22 punten
Je vindt sport geweldig, maar dan wel om naar te kijken. Bij voorkeur met wat hapjes en een drankje binnen handbereik. Je bezwijkt makkelijk voor ongezond 'voer' en kunt daar volop van genieten. Jammer genoeg krijg je achteraf vaak spijt. Misschien is het raadzaam om jezelf eens in de zoveel tijd een dagje 'zondigen' toe te staan.

Van 23 tot 31 punten
Gezond leven is heel belangrijk voor jou. Je bent bovendien een lekkerbek. Daarom doe je veel moeite om maaltijden klaar te maken die zowel gezond, als lekker zijn. Je hebt geleerd het nuttige met het aangename te verenigen, dus ga je vaak fietsen, wandelen of sporten. Het leuke hiervan is, dat je er steeds meer plezier in krijgt om gezond bezig te zijn. Je voelt je hier immers lekker bij.

Van 32 t/m 40 punten
Als gezondheid-freak zorg je voor de nodige lichaamsbeweging. Voor jou geen overdaad aan 'junkfood', maar eerder onbespoten spullen. Je weet dan ook precies welke vitaminen en mineralen je nodig hebt. Sommige mensen noemen jou 'ongezellig'. Je krijgt weleens het verwijt, dat jij je nooit eens lekker laat gaan. Dat is ook wel begrijpelijk, want bijna niemand kan zoveel discipline opbrengen als jij.

Er was eens een vrouw in Geldrop
die at wel een kilo Engelse drop
toen haar man vroeg: 'Zeg, Greet,
volgde jij geen dieet?'
zei Greet: 'Ja, maar dat heb ik al op!'

Ben je een avonturier?

Een avonturier houdt van afwisseling, uitdaging en de nodige spanning. Alles wat nieuw en onbekend is, heeft een bijna magische aantrekkingskracht op avontuurlijke types.

Zodra de vrijheid en het avontuur echter om de hoek komen kijken, worden je zekerheden vrij makkelijk ingeruild voor onzekerheden.

Er zijn ook mensen die zich juist bij zekerheden prettig voelen. Regelmaat, veiligheid en vastigheid vormen voor deze types juist de belangrijkste basis in hun leven. Hoe zit dat nu met jou?

1. *Je bent op een feestje waar een fotograaf aanwezig is die voor zijn werk een wereldreis heeft gemaakt. Af en toe vang je flarden van zijn spannende verhalen op. Wil jij meer over zijn ervaringen weten?*

a. Je vindt het op zich wel interessant om met hem te praten, maar alleen als het toevallig zo uitkomt.
b. Je probeert te begrijpen waarom hij zo enthousiast is.
c. Je stapt op hem af en zegt dat je dolgraag even met hem wilt praten.
d. Je bent niet geïnteresseerd in een gesprek met de fotograaf en gaat hem zelfs uit de weg.

2. *Welk televisieprogramma vind jij interessant?*

a. Je bent bijna verslaafd aan documentaires over verre landen.
b. Je mist geen enkel kookprogramma waarin exotische gerechten bereid worden.
c. Als er programma's over relatieproblemen zijn, staat jouw televisie aan.
d. Een intelligentiespel waar je actief aan mee kunt doen, trekt jou het meest.

3. *Zondagmorgen om half acht belt een goede vriend jou uit bed. Hij vraagt of je zin hebt om samen met hem een kano te huren in de Biesbosch. Jullie moeten om acht uur al vertrekken, want het is een pittig eindje rijden met de auto. Hoe reageer je?*

a. Je bent woest omdat je 'voor niks' zo belachelijk vroeg wakker gebeld wordt.
b. Je bent reuze enthousiast en roept meteen dat je van de partij bent.
c. Je stelt voor om op een 'christelijker' tijdstip van de dag iets te ondernemen – zolang het maar niets met een kano te maken heeft.
d. Je zegt dat het op zich best een leuk idee is, maar alleen als je zoiets ruim van tevoren weet.

4. *Waar breng jij het liefst je vakantie door?*

a. Je gaat bij voorkeur naar een vakantiestekje waar je al eerder geweest bent.
b. Je vindt het heerlijk om in je eigen vertrouwde omgeving te zijn en kiest voor een vakantie bij jou thuis.
c. Je zoekt telkens nieuwe bestemmingen in Europa.
d. Als het even kan, vlieg je naar verre, vreemde landen.

5. *Welk beroep spreekt jou het meest aan?*

a. Archeoloog.
b. Reisleider.
c. Archivaris.
d. Wetenschappelijk onderzoeker.

6. *Je bent vrijgezel en denkt vaak na over een nieuwe relatie. Wat zou een partner jou, behalve liefde, beslist moeten geven?*

a. Je wilt voelen dat je ondanks de relatie vrij wordt gelaten.
b. Je vindt zorgzaamheid het belangrijkste.
c. Je gaat ervanuit dat begrip noodzakelijk is.
d. Je wilt zekerheid.

7. *Na jarenlang hard werken voor weinig geld, krijg je van een oudoom die je niet eens kende, een erfenis van Hfl. 300.000,-. Wat doe je ermee?*

a. Je zet alles op de bank en ziet later wel wat je ermee wilt doen.
b. Je neemt onbetaald verlof en gaat op reis.
c. Je neemt je ontslag en reist je neus achterna.
d. Je koopt een ander huis en richt het opnieuw in.

8. Het is een heldere, prachtige nacht. Je weet dat er omstreeks drie uur in de nacht meteorieten aan de hemel zullen verschijnen. Wat doe je?

a. Je zet de wekker op drie uur, en bekijkt het tafereel vanuit je raam.
b. Je komt je bed hier absoluut niet voor uit; zelfs niet als je wakker zou zijn.
c. Het lijkt je wel leuk om even te kijken, maar alleen wanneer je tegen drie uur toevallig wakker bent.
d. Je zet de wekker op twee uur, en bekijkt het schouwspel op een prachtige, open plek, midden in de vrije natuur.

9. Je wandelt door het park waar je even op een bankje in de zon gaat zitten. Even later komt er een slonzig geklede man naast je zitten. Hij roept tussen neus en lippen door, dat het zwerversbestaan niet altijd makkelijk is. Wat doe je?

a. Je legt je hand over je tas en loopt zo snel mogelijk weg.
b. Je begint een gesprek met de man en wilt alles over zijn zwerversbestaan weten.
c. Je blijft nog even zitten om te luisteren wat hij zegt, maar je reageert er verder niet op.
d. Je gaat weg, want met zulke mensen wil je niets te maken hebben.

10. Door je eigen stomme schuld ben je tijdens de vakantie in een gevaarlijke situatie terechtgekomen. Je bent op het nippertje aan de dood ontsnapt. Vertel jij dat aan anderen?

a. Je vertelt het in geuren en kleuren, ook als er geen aanleiding toe is.
b. Je bespreekt zoiets alleen met iemand, waarmee je een vertrouwensrelatie hebt.
c. Je zegt het pas als anderen je vragen of je nog iets spannends meegemaakt hebt de laatste tijd.
d. Je houdt het 'avontuur' helemaal voor jezelf.

Antwoorden:

1.	a=3	b=2	c=4	d=1	6.	a=4	b=2	c=3	d=1
2.	a=4	b=3	c=1	d=2	7.	a=1	b=3	c=4	d=2
3.	a=1	b=4	c=2	d=3	8.	a=3	b=1	c=2	d=4
4.	a=2	b=1	c=3	d=4	9.	a=2	b=4	c=3	d=1
5.	a=3	b=4	c=1	d=2	10.	a=4	b=2	c=3	d=1

Ben je een avonturier?

Tot 14 punten

Je bent niet iemand die het avontuur, of grote uitdagingen opzoekt. Sterker nog, je gaat dat liever uit de weg. Je voelt je opvallend prettig bij orde, zekerheid, en regelmaat, en dat is geen enkel probleem. Toch zou het geen kwaad kunnen om je horizon eens te verbreden. Als je wat meer zou openstaan voor avontuurlijke types, zou je hun passie misschien wat makkelijker begrijpen.

Van 14 t/m 22 punten

Je kunt nogal van slag raken, als iets anders loopt dan gepland. Daarom hou je alles in je leven zoveel mogelijk onder controle. Je speelt op 'safe', hetgeen ook inhoudt dat je het liefst met vertrouwde personen omgaat. Als het even kan, ook nog in een vertrouwde omgeving. Soms is dat nogal saai, maar alles liever dan de onrust die het grote onbekende avontuur met zich meebrengt. Let eens een keer op de avonturiers om je heen. Laat je in een gekke bui eens verleiden, om met een aantal van hen iets spannends te doen. Misschien ga je het nog leuk vinden ook!

Van 23 t/m 31 punten

Je bent bijna altijd te porren om nieuwe, spannende en avontuurlijke situaties op te zoeken. Dat verklaart gelijk je aantrekkingskracht tot avontuurlijke mensen in je omgeving. Toch geef je niet alles op voor het grote avontuur en ga je er niet blind op af. Op de achtergrond heb je altijd een klein stukje veiligheid ingebouwd. Al ga je een paar jaar naar het buitenland, je woonruimte houd je aan. Bij thuiskomst wil je dan graag in je vertrouwde omgeving uitpuffen van al de avonturen.

Van 32 t/m 40 punten

Je bent een avonturier in hart en nieren, van top tot teen. Je staat dan ook spontaan en impulsief in het leven. Nieuwsgierig en vol optimisme ga je iedere uitdaging aan. Als je boft, heb je een avontuurlijke baan gevonden die je op je lijf geschreven is. De hang naar avontuur maakt je echter ook vaak rusteloos. Je hebt er, zelfs onder de beste omstandigheden, moeite mee jezelf vast te leggen in werk, overige verplichtingen en in relaties. Toch kan een vleugje regelmaat tussen de avonturen door geen kwaad. Het één hoeft het ander immers niet uit te sluiten?

Verre reizen geven je bagage
die je nooit kunt verliezen.

Ben je een perfectionist?

Goed, beter, best. Maar voor een perfectionist is het beste nog niet goed genoeg. Hij blijft ernaar streven alles en iedereen te overtreffen, ook zichzelf. Voor dit type komt na dat woordje 'best' nog eens 'perfect'. En zelfs dan nog zal de perfectionist twijfelen of het echt zo is. Hoe perfectionistisch ben jij?

1. *Je haalt de droge was van de lijn: beddegoed, theedoeken, blouses/ overhemden en sokken. Wat doe je daarna?*

a. Je strijkt alles en legt de kleding daarna – gesorteerd op kleur en soort – in keurige stapeltjes in de kast; de blouses/over-hemden hang je op een kleerhanger.
b. De theedoeken en het beddegoed vouw je op en legt ze in de kast; blouses/overhemden hang je op een hangertje; de sokken doe je per paar in een knot en ruimt ze op.
c. De theedoeken, het beddegoed en blouses/overhemden vouw je op en legt die in de kast: de sokken doe je in een la.
d. Je strijkt alles behalve de sokken, en legt/hangt het in de kast; de sokken doe je per paar in een knot en ruimt ze op.

2. *Je hebt een beetje jus gemorst op het lichtgrijze tapijt in de woonkamer. De vlek zit erin, maar is niet opvallend groot. Wat doe je?*

a. Niets, anderen valt het toch niet op.
b. Je probeert het vlekje weg te krijgen met een lauw sopje.
c. Je koopt een middeltje tegen vetvlekken en haalt de jusvlek eruit.
d. Het vlekje stoort je nog niet, dus laat je het voorlopig zitten.

3. *Je hebt een baan van 8.00 tot 17.00 uur. Hou jij je aan de afgesproken werktijden?*

a. Je bent altijd op tijd en gaat om klokslag 17.00 uur weer naar huis.
b. Je komt bijna altijd te laat en gaat als het even kan voor vijf uur weer naar huis.

c. Je bent weleens te laat, maar blijft net zo makkelijk wat langer doorwerken.

d. Je bent meestal voor achten al aan het werk en blijft regelmatig wat langer doorwerken.

4. *Vanuit de tuin roept de buurvrouw of je even kunt helpen. Ze is een kapotte tuinstoel aan het repareren, maar hij valt steeds weer uit elkaar. Wat doe je?*

a. Je gaat naar je buurman-vrouw toe, bekijkt de stoel even van dichtbij en komt dan meteen tot de conclusie dat je het te ingewikkeld vindt.

b. Je gaat naar haar toe en vertrekt niet eerder voordat de tuinstoel gemaakt is.

c. Je probeert de buurvrouw te helpen, maar geeft het na een half uurtje op.

d. Je kijkt even over de schutting en zegt dat je zo al kunt zien dat dat voor jou te ingewikkeld is.

5. *Je speelt sinds kort een instrument. Je hebt muziekoefeningen meegekregen om thuis in te studeren. Dat valt vies tegen. Het blijkt moeilijker dan je dacht. Wat doe je?*

a. Je zegt de muzieklessen af en verkoopt de dwarsfluit.

b. Je stopt met de lessen en probeert een makkelijker instrument uit.

c. Je oefent iedere dag uren achtereen, net zo lang tot het heel goed klinkt.

d. Je studeert iets meer dan anders, als het een beetje klinkt ben je al blij.

6. *Je hebt een afspraak bij de tandarts en de wachtkamer zit bomvol. Hoe kom jij de tijd door?*

a. Je pakt heel gericht wat tijdschriften, en leest alleen de artikelen die jij leuk vindt.

b. Je ergert je aan de manier waarop de overige mensen erbij zitten, en begint de gaatjes in het gipsplaten plafond te tellen.

c. Je loopt onrustig heen en weer en speelt met je sleutels.

d. Je maakt een praatje met iedereen die er open voor staat.

7. *Je auto heeft weer eens een wasbeurt nodig. Hoe reinig je je auto?*

a. Je doet hem op het volledigste programma door een wasstraat.
b. Je parkeert hem in de garage en wast hem grondig met de hand.
c. Je zet hem voor de deur en wast hem samen met de kinderen uit de straat.
d. Je wast je auto nooit; onze lieve Heer laat het toch niet voor niets regenen?

8. *Je werkgever vraagt of je vandaag over wilt werken om een spoedopdracht af te maken. Wat doe je?*

a. Je zegt dat je wel een uur langer wilt blijven.
b. Je vertelt hem dat je niet langer wilt blijven, en dat er morgen weer een dag is.
c. Je zegt dat je hooguit twee uur langer blijft dan anders.
d. Je doet de klus, en gaat door totdat het werk klaar is.

9. *Je hebt een vrije dag en bent bekaf. Je baalt behoorlijk, want er liggen ook nog de nodige klusjes in huis op je te wachten. Wat doe je?*

a. Je laat de klusjes liggen, en gaat de hele dag lekker luieren.
b. Je neemt een rustdag, maar neemt je voor om aan het eind van de middag één klus te doen.
c. Je gaat ondanks de vermoeidheid meteen aan de slag, en rust uit als alles klaar is.
d. Je rust 's morgens uit en begint 's middags met de klusjes.

10. *Op een bloedhete dag doe je mee aan een wedstrijd in je favoriete balsport. Hoe speel je met dat warme weer?*

a. Je doet wel je best, maar veel minder dan anders.
b. Je geeft je tot het uiterste, maar irriteert je wel aan de teamgenoten die zich amper inspannen.
c. Je vindt het veel te warm, en speelt voor spek en bonen mee.
d. Af en toe probeer je actief mee te doen.

Antwoorden:

1.	a=4	b=2	c=1	d=3	6.	a=3	b=4	c=1	d=2
2.	a=1	b=3	c=4	d=2	7.	a=3	b=4	c=2	d=1
3.	a=3	b=1	c=2	d=4	8.	a=2	b=1	c=3	d=4
4.	a=2	b=4	c=3	d=1	9.	a=1	b=2	c=4	d=3
5.	a=1	b=2	c=4	d=3	10.	a=3	b=4	c=1	d=2

Ben je een perfectionist?

Tot 14 punten

Jouw motto is, 'waarom moeilijk doen als het makkelijk kan'. Je laat je beslist niet gek maken of opjagen, vooral niet door 'pietlutten'. Van perfectionisten moet jij niet zoveel hebben, ze irriteren je zelfs. Je vindt het de normaalste zaak van de wereld dat veel dingen anders verlopen dan gepland. Kortom, je staat relaxed in het leven, en bent vies van opgelegde regels en voorschriften.

Van 14 t/m 22 punten

Op zich hou je meer van 'beter', dan van 'goed'. Toch wring jij je niet in allerlei bochten om dit te bereiken. Je ligt er ook niet wakker van als anderen uiteindelijk toch beter blijken te zijn dan jij. Af en toe heb je een uitschieter en ben je op bepaalde fronten nogal perfectionistisch voor jou doen. Degenen die jou kennen, kijken je dan weleens vol verbazing aan. Je ziet ze denken: ach, het gaat wel weer over, het is maar een bui. En ze hebben gelijk, want even later doe je weer 'gewoon'.

Van 23 t/m 31 punten

Je vindt het heerlijk om de beste zijn. Daarom gebruik je alle kwaliteiten in jezelf, waarmee je goed beslagen ten ijs kunt komen. Toch gaat dit streven de beste te zijn, nooit ten koste van een ander. Je hebt je zaakjes goed in orde en voorkomt zoveel mogelijk dat je voor verrassingen komt te staan. En ligt er onverwachts toch een verrassing op je bord, dan los je het binnen een mum van tijd wel weer op. In sommige dingen ben jij nu eenmaal... de beste.

Van 32 t/m 40 punten

In jouw woordenboek staat alleen het woord 'perfect', de rest heb je doorgekrast. Met minder neem je absoluut geen genoegen, zelfs al gaat dat weleens ten koste van jezelf. Je plichtsgevoel is groot en je bent een mens van de klok. Toch is het niet allemaal rozegeur en maneschijn, want het lijkt wel alsof je nooit iets goed genoeg vindt. Je kunt je zo vastbijten in iets, dat je vergeet dat het ook nog leuk kan zijn. Probeer jezelf af en toe van alles wat 'moet' en 'hoort' te ontlasten. Het zal ongetwijfeld 'goed' voor je zijn, en misschien nog 'beter' dan 'best' en 'perfect'. Zelfs voor een perfectionist als jij.

Een perfectionist in Grouw
staat op voor dag en dauw
dan strijkt hij in z'n jas,
z'n onderbroek en das
een messcherpe vouw.

Ben je jaloers?

Jaloezie kent veel gradaties. Zo kun je in liefdeszaken terecht jaloers zijn, als je partner daar aanleiding toe geeft. Maar het is ook niet ondenkbaar dat je weleens jaloers bent, terwijl de ander daar geen reden toe geeft. Soms voel je misschien een steek van jaloezie, maar kun je tegelijkertijd toch ook blij voor iemand zijn. Er kan ook sprake zijn van 'misgunnen' of 'afgunst'.

Hoe het ook zij, jaloezie is een gevoel waar maar weinig mensen trots op zijn, of openlijk voor durven uit te komen. Ken jij dat gevoel?

1. *Op een feestje verschijnt een persoon van jouw geslacht in een oogverblindende creatie. Vol zelfvertrouwen beantwoordt diegene iedere steelse blik met een warme glimlach. In de zegetocht mist de persoon echter een trede, en komt ten val. In de prachtige outfit zit een enorme scheur. Wat doe je?*

a. Je schudt meewarig je hoofd en vindt het doodzonde van die prachtige outfit.
b. Je ziet het als een komisch voorval en begint hard te lachen.
c. Je kijkt de gevloerde persoon honend aan en kan je gegniffel niet onderdrukken.
d. Je vindt het sneu voor de persoon en schiet te hulp.

2. *Twee dagen voordat je met een goede vriend(in) op een welverdiende vakantie gaat, breek je je been. Hoe reageer je als je vriend(in) je aan je ziekenhuisbed vertelt dat hij/zij dan maar zonder je gaat?*

a. Je geeft hem/haar groot gelijk en vraagt of hij/zij je een ansichtkaart met alle smeuïge details stuurt.
b. Alhoewel je het wel begrijpt, baal je er vreselijk van. Met een geforceerde glimlach wens je hem/haar veel plezier.
c. Je vindt het maar niets dat je beste vriend(in) je zo achterlaat, en vraagt of de vakantie niet kan worden uitgesteld.
d. Je wordt razend en stelt je vriend(in) dan ook voor de keuze: de vakantie of jullie vriendschap.

3. *Je partner komt thuis en vertelt enthousiast over een nieuwe collega, die als opvallend aardig, aantrekkelijk en kundig wordt omschreven. Jazeker, het betreft een collega van het andere geslacht. Wat is je reactie?*

a. Je wordt nogal stil en vraagt je af of dit een bedreiging voor de relatie kan worden.
b. Je raakt geïrriteerd en vraagt of de collega 'toevallig' ook nog vrijgezel is.
c. Je bent blij voor je partner dat deze zo een leuke, nieuwe collega erbij heeft.
d. Je reageert net zo enthousiast, maar prent de naam van de collega goed in je hoofd...

4. *Je broer die goed bij kas zit, heeft een nieuwe auto gekocht voor Hfl. 80.000,-. Toegegeven, het is een prachtige wagen, maar hoe reageer je?*

a. Je zegt dat je het belachelijk vindt zoveel geld uit te geven aan een auto.
b. Je geniet met hem mee en vraagt of jullie een keer een ritje kunnen maken.
c. Je vraagt lachend of de asbak van de vorige auto soms vol was.
d. Hoewel je de auto mooi vindt, zeg je dat de kleur je niet aanstaat en dat je de auto zelf nooit had gekocht.

5. *Een goede vriend heeft hard moeten sparen voor een nieuwe inrichting voor zijn woning. Hij heeft in een keer een bankstel, vloerbedekking, een eethoek en een paar lampen aangeschaft. Dan belt hij jou en vraagt of je langskomt om te kijken. Hij is razend enthousiast. Hoe reageer je als je zijn nieuwe interieur ziet?*

a. Je kijkt goedkeurend om je heen en vraagt welke binnenhuisarchitect hij heeft ingehuurd.
b. Je kijkt om je heen, schudt je hoofd en zegt: 'Op zich zijn de spullen best wel mooi, maar het past helemaal niet bij elkaar.'
c. Alhoewel de inrichting je wel aanspreekt, zeg je dat het jou smaak niet is.
d. Je complimenteert hem met zijn smaak en vraagt of hij misschien nog tips voor jouw woning heeft.

6. Op je werk komt een plek vrij waardoor je hogerop kunt komen. Vol goede moed solliciteer je op de vacature. Een collega krijgt de baan uiteindelijk. Hoe reageer je?

a. In het voorbijgaan feliciteer je de collega.
b. Je gaat naar de collega toe en feliciteert hem met z'n promotie.
c. Je knikt in het voorbijgaan, maar je maakt geen praatje meer met die collega.
d. Vanaf dat moment negeer je de collega.

7. Je geliefde vertelt in geuren en kleuren dat hij een opvallend aantrekkelijk persoon van het andere geslacht heeft ontmoet. Het lijkt wel of je naar een beschrijving over dè ideale partner luistert. Wat zeg je als hij/zij uitgepraat is?

a. Beledigd: 'Ik denk dat ik mijn koffers maar vast ga pakken. Hou je eigenlijk nog wel van mij?'
b. 'Leuk voor je. Had ik je trouwens al verteld over die kanjer op de sportschool?'
c. Kwaad: 'Nou, doe je best zou ik zeggen!'
d. 'Wat leuk dat je me dat vertelt, in veel relaties wordt zoiets toch verzwegen.'

8. Samen met een populaire collega werk je aan een bepaald project. De collega trekt continu alle aandacht naar zich toe, praat met iedereen en is altijd even aardig en vrolijk. Iedere keer hoor je de verhalen aan hoe goed en collegiaal diegene wel niet is. Hoe reageer je?

a. Je doet gewoon je werk, en laat iedereen denken wat hij wil.
b. Je wordt het nogal zat, en vertelt dat de collega wel aardig mag zijn, maar qua werk niets presteert.
c. Je zegt dat je collega je eigenlijk behoorlijk irriteert.
d. Je vraagt verongelijkt, of jij dan soms niet leuk bent.

9. Je partner vertelt dat hij/zij zijn/haar eerste grote liefde weer ontmoet heeft. Nu willen ze samen bijpraten tijdens een etentje in de stad. Hoe vind jij dat?

a. Je vindt het enig voor je geliefde en reageert enthousiast.
b. Je ziet het helemaal niet zitten, en als je partner dit doorzet, is de relatie tussen jullie afgelopen.

c. Je vraagt of je partner al weet waar hij/zij wil gaan eten die avond en besluit de ex-geliefden eens te observeren.

d. Al vind je het geen leuk idee, het moet maar, je vindt niet dat je dat mag verbieden.

10. *Je bent met een vriendin in de stad aan het winkelen. In de etalage van een exclusief winkeltje, valt je oog op een prachtige vaas. Je bent er helemaal kapot van, maar het prijskaartje liegt er niet om, dus besluit je toch maar af te zien van de koop. De volgende avond ga je bij de vriendin in kwestie een wijntje drinken. En wat zie je? Op tafel staat de bewuste vaas. Hoe reageer jij daarop?*

a. Je wordt kwaad en verwijt de vriendin dat zij hem wel gekocht heeft, terwijl zij weet dat jij zoiets niet kan bekostigen.

b. Je vraagt enthousiast of je de vaas mag lenen om er een replica van te laten maken.

c. Je gooit het pronkstuk 'per ongeluk' om. 'Oeps, sorry hoor…'

d. Je bewondert de vaas opnieuw, het maakt je niet uit dat de vriendin deze nu heeft gekocht.

Antwoorden:

1.	a=2	b=3	c=4	d=1	6.	a=2	b=1	c=3 d=4
2.	a=1	b=2	c=3	d=4	7.	a=3	b=2	c=4 d=1
3.	a=3	b=4	c=1	d=2	8.	a=2	b=4	c=1 d=3
4.	a=4	b=1	c=2	d=3	9.	a=1	b=4	c=3 d=2
5.	a=1	b=4	c=3	d=2	10.	a=3	b=2	c=4 d=1

Ben je jaloers?

Tot 14 punten

Je bent alles behalve jaloers, daarom kun je oprecht blij zijn voor een ander. Je geniet ervan anderen blij te kunnen maken; desnoods geef je zelfs je eigen spullen weg. Ook als je geliefde eens alleen weg wil, heb je daar absoluut geen problemen mee. Het komt zelfs niet in je hoofd op er meer achter te zoeken. Hierdoor word je weleens als naïef bestempeld, maar in werkelijkheid heb je gewoon veel vertrouwen in jezelf, en in je partner.

Van 14 t/m 22 punten

Soms voel je weleens een steekje van jaloezie, maar je zult het niet zo snel laten merken. Door je sympathieke karakter zul je anderen niet vaak iets misgunnen. Over het algemeen heb je er dan ook geen problemen mee als een ander iets heeft wat jij graag zou willen. Sterker nog, dit zal je juist aansporen extra hard te werken/sparen om zo hetzelfde te kunnen kopen. Dat piepkleine steekje van jaloezie weet je dus positief om te zetten. En dat is knap.

Van 23 t/m 31 punten

Het zit je niet lekker als anderen dingen bezitten die jij zou willen hebben. Je kunt dat moeilijk verbergen, maar kleedt het wel zo in dat je niemand kwetst. Wanneer je partner alleen op stap wil, zal je niet staan juichen. Er ontstaan zelfs weleens ruzies als je onzekerheid opspeelt. Gelukkig zie je vrij snel weer in dat er in geen redenen zijn wantrouwen te koesteren.

Van 32 t/m 40 punten

Je bent in ieder geval zo eerlijk, dat je meestal onverbloemd laat weten hoe jij je voelt. Toch vind je het fijn wanneer anderen wel enthousiast op jouw aankopen reageren. Wat je eventuele partner betreft, liefde gedijt sneller als het de ruimte krijgt. Hoe meer je een geliefde beknot, hoe harder de ander vecht voor een stuk vrijheid. Misschien makkelijker gezegd dan gedaan, maar proberen kun je het altijd. Het scheelt je in elk geval onnodige discussies en confrontaties.

Een vrouw in Sas-van-Gent,
kreeg alle vrijheid van haar vent
toch ze was niet tevree
en deelde hem mokkend mee:
'Ik wil dat je ook eens jaloers bent.'

Ben je assertief?

Assertiviteit heeft niets te maken met je zin doordrijven of je gelijk halen. Assertief zijn houdt in dat je goed voor jezelf opkomt als dat nodig is. Als je dat kunt, laat je niet over je heenlopen en neem je zo nodig zelf de touwtjes in handen. Je zegt wat je voelt, maar wordt daarbij niet agressief of kwetsend. Kun jij dat?

1. *Je gaat met je partner naar een receptie van zijn/haar bedrijf. Je kent weinig mensen en de gesprekken gaan alleen maar over het werk. Je baalt er nogal van. Wat doe je?*

a. Je volgt de gesprekken en probeert vervolgens van onderwerp te veranderen. Wanneer dat niet lukt, laat je het erbij.
b. Na afloop van de receptie maak je ruzie met je partner en klaagt dat er voor jou niets aan was.
c. Pas op de terugweg maak je je partner daarover verwijten en vraagt of dat niet anders had gekund.
d. Je luistert naar de gesprekken en probeert dan van onderwerp te veranderen. Wanneer dat mislukt, vraag je of ze het ergens anders over willen hebben omdat de gesprekken over het werk niet bijster interessant zijn voor jou.

2. *Je bent in twee maanden tijd al drie keer bij je huisarts geweest met dezelfde klacht. Tijdens het consult krijg je steeds de indruk dat de dokter nogal gehaast is en de klacht niet goed begrijpt. Je slikt nu al weken lang verschillende medicijnen, maar het mag niet baten. Wat doe je?*

a. Je durft geen vierde afspraak te maken uit angst dat de arts heel nadrukkelijk gaat zuchten als hij jou weer ziet aankomen.
b. Je maakt nog een afspraak, en neemt iemand mee om er zeker van te zijn dat je je niet laat afschepen.
c. Je maakt weer een afspraak en neemt een lijstje mee, zodat je niets zult vergeten te zeggen of te vragen.
d. Je maakt geen nieuwe afspraak meer en neemt een andere huisarts.

3. *Je auto is in de garage voor een controlebeurt. Dan word je opgebeld met de mededeling, dat er een noodzakelijke reparatie moet worden verricht. De prijsopgave is overdreven hoog in jouw ogen, namelijk Hfl. 800,-. Wat doe je?*

a. Je geeft met tegenzin toestemming je auto te laten maken, wat moet je anders?
b. Je twijfelt nog, stelt wat vragen en hoewel je het er niet helemaal mee eens bent, geef je toestemming de auto te laten maken.
c. Je geeft toestemming de auto te laten maken, ze weten in de garage vast wel wat ze doen.
d. Je zegt dat je liever een tweede opinie van een andere garage wilt voordat je 'blind' akkoord gaat met de dure reparatie.

4. *Je zit in het bestuur van een sportvereniging en bent erg betrokken bij de gang van zaken. Tijdens de vergaderingen is er altijd één bestuurslid die de zaken naar zijn hand weet te zetten. Er gebeuren hierdoor telkens dingen waar je het onmogelijk mee eens kunt zijn. De betreffende man is nogal goed gebekt. Wat nu?*

a. Je vertelt de eerstvolgende vergadering waarom jij hiervan baalt en komt met zinvolle alternatieven.
b. Je zegt niets, want je bent kennelijk de enige die er zo over denkt.
c. Je zegt terloops aan de vergadertafel, dat het bestuurslid in kwestie altijd zijn zin doordrijft.
d. Je praat met de overige bestuursleden en overlegt of hier iets tegen gedaan kan worden.

5. *Je hebt besloten om in het weekend je keuken te schilderen. Vrijdagavond belt er een vriend op, die vraagt of je op zijn hond wilt passen. Je past wel vaker op, en uit ervaring weet je dat er dan niets van schilderen terecht zal komen. Wat doe je?*

a. Je vraagt of er geen andere oplossing is en legt uit waarom. Je biedt wel aan op te passen als hij geen alternatieven meer heeft.
b. Je zegt dat je normaal gesproken altijd bereid bent op te passen, maar dat het dit weekend onmogelijk is.
c. Je kunt nu eenmaal geen nee zeggen, en verschuift zuchtend je plannen voor het schilderwerk naar een ander weekend.

d. Je vindt het vervelend te zeggen dat het helemaal niet uitkomt, dus vertel je dat het goed is.

6. *Je wordt voor een dineetje bij vrienden uitgenodigd. Nu hebben zij de gewoonte om erg laat aan tafel te gaan en jouw maag kan daar absoluut niet tegen. Zeg je hier iets over?*

a. Je zegt niets en neemt je maagklachten voor die keer op de koop toe.

b. Je eet alvast stiekem van tevoren. Tijdens het diner doe je alsof je de maaltijd nuttigt. (Je hebt toch de hond van je vriend bij je!)

c. Je zegt dat je de uitnodiging graag aanneemt als er niet te laat gegeten wordt, en legt uit waarom.

d. Je verzint een smoes waarom je verhinderd bent.

7. *Het sinterklaasfeest is in jouw ogen een echt familiefeest. Er worden lootjes getrokken en iedereen maakt een gedicht met een surprise. Nu is het je inmiddels opgevallen, dat jij de afgelopen jaren de enige was die hier nogal veel werk van maakte. Als de lootjes weer worden getrokken, zeg jij hier dan iets over?*

a. Je zegt dat je er dit jaar vanaf ziet, omdat je geen tijd hebt de surprise en een gedicht te maken.

b. Je maakt van de gelegenheid gebruik en zegt, dat jij je als enige altijd uitslooft en daar geen zin meer in hebt.

c. Je vraagt waarom er altijd zo weinig aandacht aan de surprises en gedichten besteed wordt.

d. Je zegt dat je dit keer wèl verwacht, dat iedereen er voldoende tijd en aandacht aan besteedt.

8. *Je bent met een aantal goede vrienden op vakantie. Er is een gemeenschappelijke geldpot gemaakt, waar al het eten en drinken van wordt betaald. De vrienden nemen altijd dure gerechten en alcoholische versnaperingen, iets waar jij absoluut niet van houdt. Als de geldpot zo goed als leeg is, moet iedereen weer aanvullen. Wat doe je?*

a. Je stelt voor de pot af te schaffen, omdat je het prettiger vindt om voor jezelf te betalen.

b. Je zegt niets en vult de pot aan; je hebt geen zin in ruzie.
c. Je sputtert een beetje tegen, in de hoop dat iemand je een openingszin aanreikt.
d. Je zegt dat je minder aan het gemeenschappelijk potje wil bijdragen, omdat je relatief goedkoper eet en drinkt dan zij.

9. *Je hebt vrienden die hun kinderen in alles vrij laten. Iedere keer nadat die kinderen bij je langs geweest zijn, is je huis één grote puinhoop. Regelmatig sneuvelt er iets, en de vloerbedekking is meerdere malen met limonadesiroop 'gedoopt'. Op een zondagmiddag bellen de vrienden weer: 'Hallo! We hebben net met de kinderen gewandeld; we zijn vlak bij je in de buurt! Zullen we zo even gezellig langskomen?' Wat zeg je?*

a. 'Geef me dan even de tijd om mijn kostbare spullen op te bergen, de kartonnen bekertjes op te zoeken en de vloeren met plastic af te dekken!'
b. 'Je bent van harte welkom, maar houden jullie dan wel zèlf de kinderen in het gareel?'
c. 'Natuurlijk, gezellig! Ik zie je zo.' Je hangt op, en baalt enorm.
d. 'Ach, wat jammer nou! Ik sta nèt op het punt weg te gaan.'

10. *In een winkel sta je al een tijdje te wachten om geholpen te worden. De verkoopster is met een telefoongesprek bezig dat duidelijk privé is. Ze maakt geen haast om jou van dienst te zijn. Het ergert je mateloos. Wat doe je?*

a. Je loopt zonder iets te zeggen de winkel uit.
b. Je wacht totdat ze haar gesprek beëindigd heeft, zegt vervolgens dat je het stijlloos vindt, en verlaat de winkel.
c. Je loopt naar de verkoopster toe en vraagt of ze haar privégesprek straks kan voeren, en zich nu even om haar klant wil bekommeren.
d. Je wacht totdat ze uitgepraat is, en verbergt je irritatie.

Antwoorden:

1.	a=3	b=1	c=2	d=4	6.	a=2	b=3	c=4	d=1
2.	a=2	b=3	c=4	d=1	7.	a=1	b=2	c=3	d=4
3.	a=2	b=3	c=1	d=4	8.	a=3	b=1	c=2	d=4
4.	a=4	b=1	c=2	d=3	9.	a=3	b=4	c=1	d=2
5.	a=3	b=4	c=1	d=2	10.	a=2	b=3	c=4	d=1

Ben je assertief?

Tot 14 punten

Je vindt het erg moeilijk voor jezelf op te komen. Anderen weten dat van jou, en daarom wordt er nogal eens over je heen gelopen. Je wacht meestal veel te lang met het prijsgeven van je ongenoegen. Daardoor is je ergernis menigmaal tot een kookpunt gestegen. Ja, en als je dan uiteindelijk je mond opendoet, komen er meestal niet zulke vriendelijke teksten uit. Achteraf heb je daar weleens spijt van. Misschien is het raadzaam voortaan iets eerder je irritaties te verwoorden. Je voelt je daar geheid stukken lekkerder bij.

Van 14 t/m 22 punten

De angst dat je lastig gevonden wordt als je voor jezelf opkomt, is geheel onterecht. Toch ben jij in staat om je mening weloverwogen en verre van impulsief te uiten. Zodra je de mensen echter om je heen laat blijken dat je wel degelijk voor jezelf opkomt, zal je anders behandeld worden. En misschien kom je zelfs wel tot de conclusie, dat men je vanzelf naar je mening gaat vragen.

Van 23 t/m 31 punten

Gelukkig kun je goed voor jezelf opkomen. Uit angst anderen te kwetsen, komt het weleens voor dat je de werkelijke argumenten omzeilt en verpakt. Toch zou je daar duidelijker mee om kunnen gaan, waardoor het resultaat van je opmerkingen optimaal kan zijn. Je hebt in elk geval allang ontdekt hoe belangrijk assertiviteit is.

Van 32 t/m 40 punten

Jij kent de betekenis van assertiviteit van binnen en van buiten. Op het juiste moment verwoord je jouw meningen, waarbij je woordkeuze weloverwogen en duidelijk is. Dat dwingt respect af en levert positieve reacties op. Behalve als je weer eens eventjes doorslaat en de assertiviteit de overhand krijgt. Hiermee bereik je soms het tegendeel van wat je eigenlijk wilt.

Assertief zijn,
is lief zijn voor jezelf.

Ben je een carrièrejager?

Het is niet ongezond als mensen graag carrière willen maken. Al-hoewel, sommigen gaan wel èrg ver om hogerop te komen. De een rent zich de benen uit het lijf om dit te bereiken, al gaat het ten koste van anderen. De ander wacht geduldig totdat de vooruitgang zichzelf aandient. Die drang verder te komen in het werk, kan wel-eens ten koste van het privé-leven gaan.

Leef jij voor je werk en carrière? Werk je om te kunnen leven? Of heb je een tussenweg gevonden?

1. *Je hebt het thuisfront al een paar keer moeten teleurstellen. Geplande familie-uitjes liepen al meermaals in de soep, omdat het werk de voorrang verdiende. Op een zaterdagochtend sta je op het punt een dagje met het hele gezin naar het strand te gaan. Dan bel je werkgever op, met de vraag of je vandaag een haastklus wilt doen. Je weet dat er binnenkort een geweldige promotiekans voor je ligt. Wat doe je?*

a. Je vertelt hem dat het een vrij weekend voor je is, en je onmogelijk kunt komen.
b. Je zegt dat de klus tot maandag zal moeten wachten, en dat je desnoods die dag wel overwerkt.
c. Je vertelt hem dat je eerst de gezinsleden naar het strand brengt en er daarna aankomt.
d. Je denkt er niet eens over na, en zegt onmiddellijk: 'Natuurlijk, geen enkel probleem, binnen een half uur ben ik op de zaak.'

2. *Tijdens een vergadering vertelt de directeur van het bedrijf waar je werkt een discriminerende mop. Je vindt het nogal ongepast. Hoe reageer je?*

a. Je lacht als een boer die kiespijn heeft.
b. Je doet alsof je niets gehoord hebt en reageert niet.
c. Je lacht er smakelijk om.
d. Je staat op met de mededeling dat je het zo ongepast vindt, dat je even spontaan moet overgeven.

3. Een collega vertelt je wat voor een fantastisch plan ze op tafel gaat leggen in de volgende vergadering. Je klappert met je oren en weet nu al dat zij een hele goede beurt zal maken bij de directie. Op de dag waarop er vergaderd wordt, blijkt je collega ziek te zijn. Wat doe je?

a. Tijdens de vergadering vertel je over het fantastische idee wat jij bedacht hebt.
b. In de vergadering leg je het idee op tafel. Alleen als er expliciet om gevraagd wordt, vertel je hoe je aan het idee bent gekomen.
c. Je zegt tijdens de vergadering dat jouw collega een fantastisch idee heeft, maar dat ze dit zelf het beste kan verwoorden.
d. Je vertelt helemaal niets over de plannen.

4. Op een zakelijke bijeenkomst zie je iemand aan wie je een grondige hekel hebt, maar die voor je carrière heel belangrijk kan zijn. Stap je eropaf?

a. Je blijft zover mogelijk bij die persoon uit de buurt.
b. Je stapt meteen op hem/haar af, en begint behoorlijk te slijmen.
c. Je zegt even snel gedag, maar loopt onmiddellijk weer door.
d. Halverwege de avond ga je een zakelijk getint gesprek met de persoon aan.

5. Denk jij op een vrije dag vaak aan je werk?

a. Je denkt er zelden aan.
b. Je bent daar nooit mee bezig als je vrij bent.
c. Je neemt je werk in gedachten meestal mee naar huis.
d. Je bent daar altijd mee bezig.

6. Je hebt een collega die veel presteert en hart heeft voor de zaak. In een gesprek wat jij voert met de directeur, blijkt dat hij een negatieve mening heeft over de betreffende collega. Het is overduidelijk geheel onterecht. Hoe reageer jij?

a. Je doet alsof je erg verbaasd bent.
b. Je zegt dat je die mening niet deelt.
c. Je praat de directeur compleet naar de mond.
d. Je komt op voor jouw collega, en vertelt hoe het in werkelijkheid in elkaar zit.

7. *Je moet vaak overwerken en bent zelden voor achten 's avonds thuis. Vandaag heb je het thuisfront beloofd er uiterlijk om zes uur te zijn. Onverwachts nodigt de directeur je uit voor een borrel na werktijd. Hij wil met je praten over de geplande reorganisatie, waarin vermoedelijk promotiekansen voor je liggen. Wat doe je?*

a. Je neemt de uitnodiging aan en gaat pas naar huis als alles besproken is.
b. Je zegt dat je van de partij bent, maar uiterlijk om half acht weg moet.
c. Je wijst de uitnodiging van de hand en stelt voor dat hij dit met jouw collega bespreekt. Je vertelt erbij dat je om zes uur thuis wilt zijn vandaag.
d. Je zegt dat je graag een andere keer over dit onderwerp wilt praten, maar vandaag helaas verhinderd bent.

8. *Je zit sinds een kwartiertje in een belangrijke bespreking met een buitenlandse zakenrelatie. Je weet dat deze relatie dezelfde dag nog terug naar Amerika gaat. Dan krijg je een telefonisch bericht dat een naast familielid een ongeluk gehad heeft. Er is geen sprake van levensgevaar, maar er wordt wel verteld dat jouw aanwezigheid op prijs gesteld wordt. Wat doe je?*

a. Je denkt er geen seconde over na, verontschuldigt je en gaat onmiddellijk weg.
b. Je vraagt aan de receptioniste of zij het ziekenhuis af en toe wil bellen om op de hoogte te blijven van eventuele ontwikkelingen.
c. Na een korte uitleg en verontschuldiging, zeg je dat je naar het ziekenhuis moet. Je zegt dat de bespreking vanuit het ziekenhuis per telefoon voortgezet kan worden.
d. Je blijft, maar belt ieder half uur even naar het ziekenhuis.

9. *Je gaat mee naar een familiefeestje. Uit ervaring weet je, dat niemand geïnteresseerd is in jouw werk. Wat doe je?*

a. Je bent stil en houdt je een beetje afzijdig van de overige familieleden.
b. Je toont belangstelling voor het werk van anderen.
c. Je neemt een vaktijdschrift mee en leest het, terwijl je 'spontaan' hardop jouw visie geeft op de artikelen die erin staan.

d. Je praat nadrukkelijk over je werk, en wanneer je merkt dat er niet geluisterd wordt, verhoog je je volume.

10. *Het is eind juli en je hebt voor het eerst dit jaar een week vakantie. Je hebt een hotel in Nederland geboekt, en je werkgever reageert hier enthousiast op. Hij vraagt je zelfs om in de vakantie een pieper te dragen, zodat je desgewenst bereikbaar bent. Doe je dat?*

a. Je neemt geen pieper mee, maar geeft de werkgever het telefoon- en faxnummer van het hotel, voor uiterste noodgevallen.
b. Je wilt zelf wel een paar keer contact met je werk opnemen tijdens je vakantie, maar neemt geen pieper mee.
c. Nee, en je biedt geen alternatieven aan, want je wilt een week complete rust.
d. Je belooft dat je de pieper bij je zult dragen tijdens de vakantie.

Antwoorden:

1. a=1 b=2 c=3 d=4		6. a=3 b=2 c=4 d=1
2. a=3 b=2 c=4 d=1		7. a=4 b=3 c=1 d=2
3. a=4 b=3 c=1 d=2		8. a=1 b=4 c=2 d=3
4. a=1 b=4 c=2 d=3		9. a=2 b=1 c=3 d=4
5. a=2 b=1 c=3 d=4		10. a=3 b=2 c=1 d=4

Ben je een carrièrejager?

Tot 14 punten
Nee, jij bent beslist geen carrièrejager. Op het werk maak je de uren vol die van je gevraagd worden, maar verder gaat je 'passie' niet. Je hebt zelfs wat moeite met collega's die het werk als hun grootste levensvervulling zien. Voor jou is werken voornamelijk functioneel. Je werkt immers hoofdzakelijk om al die andere leuke dingen in het leven te kunnen doen die je ècht leuk vindt.

Van 14 t/m 22 punten
Je wilt je incidenteel weleens extra inspannen voor je werkgever, zolang het maar niet ten koste gaat van je privé-leven. Daarbij heb je een hekel aan mensen die over de rug van anderen hogerop willen komen. Je houdt je daar verre van en laat iedereen voorgaan die zo

nodig moet. Gelukkig zijn er werkgevers die jouw mentaliteit waarderen. Daardoor zou je wel eens sneller carrière kunnen maken dan je denkt.

Van 23 t/m 31 punten

Je belooft al maanden 'binnenkort' meer tijd aan je privé-leven te besteden. Jammer genoeg wijst de praktijk iets anders uit: het blijft bij woorden. Wel begrijpelijk, want je hebt nu eenmaal besloten zo snel mogelijk de top te bereiken. Je werkgever weet beter wat hij aan jou heeft, dan het thuisfront. Soms probeer je compromissen te sluiten, wat zeker voor je pleit. Toch zou je ietsjes meer accent op je privé-leven kunnen leggen. Dit zal de prestaties in het werk alleen maar ten goede komen.

Van 32 t/m 40 punten

De meeste werkgevers zouden een moord doen voor iemand zoals jij. Maar ja, overdrijven is ook een vak. Af en toe ga je wel wat tè ver. Je bent zo gefixeerd op succes in je werk, dat je de wereld om je heen weleens lijkt te vergeten. Toch heeft ieder mens behoefte aan een privé-leven. En het een hoeft het ander toch niet uit te sluiten?

Een carrièrejager uit Amsterdam
vroeg: 'Wat wil jij worden, Sam?'
'Nou pa,' zei toen zijn zoon,
'ik blijf liever heel gewoon
en ga chaufferen in een tram.'

Ben je inventief/creatief?

We kennen het ongetwijfeld allemaal: je hebt plannen gemaakt die allemaal ineens in het honderd lijken te lopen. Met een beetje vindingrijkheid kun je er soms nog een draai aan geven waardoor de 'schade' nog meevalt. Maar ja, daar moet je wel een creatieve geest voor hebben. Hoe zit dat bij jou?

1. *Je hebt uitgebreid gekookt voor twee vrienden, die veertig kilometer bij je vandaan wonen. De tafel is gedekt en de gerechten kunnen straks zo de oven in. Dan gaat de telefoon: hun auto weigert te starten. Openbaar vervoer is vanuit die plaats onmogelijk. Wat nu?*

a. Je bent zo teleurgesteld, dat je al het eten invriest en voor jezelf een boterham maakt.
b. Je belt een stel kennissen op, vertelt wat er gebeurd is en vraagt of zij zin hebben om te komen eten.
c. Je eet alleen, en wat er over is geef je aan de hond.
d. Je pakt al het eten in, stapt in de auto, en rijdt naar je vrienden toe.

2. *Je bent per vliegtuig op weg van Amsterdam naar Cyprus. Na een paar uur vliegen hoor je de gezagvoerder zeggen, dat er door onvoorziene omstandigheden een tussenstop gemaakt zal moeten worden in Israël. De vertraging zal vermoedelijk vier tot zes uur duren. Wat doe jij na de landing op de luchthaven van Tel Aviv?*

a. Je maakt gebruik van de gelegenheid om eens op het vliegveld rond te kijken en wat leuke cadeautjes voor thuis in de winkeltjes te zoeken.
b. Je bent het eerste uur behoorlijk chagrijnig en klaagt tegen iedereen die het wil horen. Uiteindelijk pak je een boek en gaat wat lezen.
c. Je vraagt of je het vliegveld een paar uur mag verlaten, zodat je nog een enkele indrukken van het land kunt opdoen.
d. Je loopt je vreselijk op te vreten dat je zo laat aankomt en bijt ondertussen vakkundig al je nagels eraf.

3. *Op een broeierige zomeravond zit je samen met je geliefde in de tuin. Je hebt net de barbecue aangemaakt, als er onheilspellende wolken in de lucht verschijnen. Weldra begint het in de verte te rommelen. Het onweer komt snel naderbij, en af en toe voel je de regendruppels al. Wat doe je?*

a. Je hebt direct gegeten en gedronken en bent in een klap chagrijnig. Je ruimt de spullen op en gaat binnen tv-kijken.
b. Je gaat naar binnen en vriest al het eten in, waarna je bij de snackbar een patatje oorlog haalt.
c. Jullie doven het vuur en nemen de spullen naar binnen. Je steekt wat kaarsen aan en zet de barbecue op de grill voort.
d. Je pakt een groot zeil, bevestigt dit over de parasol, en maakt zo je eigen tent. Onder het genot van een kippepootje kijk je samen met je geliefde naar de bliksemflitsen.

4. *Vlak voor een sportwedstrijd struikel je, waarbij je nogal ongelukkig neerkomt. Resultaat: een gekneusde enkel. Die wedstrijd kun je natuurlijk wel vergeten. Hoe reageer je?*

a. Je gaat aan de kant zitten en moedigt je team aan.
b. Je vindt het vreselijk om je teamgenoten hiermee te duperen, en vraagt of een beetje aanmoediging zal helpen.
c. Je kunt het niet over je hart verkrijgen aan de zijlijn te gaan zitten, en gaat zwaar gefrustreerd naar huis.
d. Je hebt zelfmedelijden en gaat zonder iets te zeggen naar huis.

5. *Je bent de muren van je slaapkamer aan het witten als de bel gaat. Uit het raam zie je dat het vrienden zijn die je heel lang niet hebt gezien. Je moet nog één muur afmaken, anders krijg je kleurverschil. Wat doe je?*

a. Je laat hen binnen en zegt dat je nog even een muur af moet schilderen, waarna jullie de rest van de dag gezellig kunnen bijpraten.
b. Je laat hen binnen en laat hen zien wat je allemaal al geschilderd hebt. Dan vraag je of zij zin hebben om tijdens het bijpraten de plinten te schilderen.
c. Je laat ze binnen, maar kunt onmogelijk van het bezoek genieten. Je denkt steeds aan de muur die je straks moet overdoen.
d. Je loopt naar de deur en vertelt dat het erg ongelegen komt, omdat je aan het schilderen bent.

6. *Ons land wordt geteisterd door een hittegolf. In je slaapkamer is het niet te harden en de ventilator maakt veel herrie. Wat doe je?*

a. Je accepteert de hitte gelaten.
b. Je wordt met de dag chagrijniger en moppert je wezenloos.
c. Je gaat in de tuin/op het balkon slapen, waar het 's nachts lekker koel is.
d. Je doet oordoppen in, zodat je de ventilator niet meer hoort.

7. *Je bekijkt een abstract schilderij. Tussen de felle kleuren staan een paar strepen. De titel van het schilderij is: 'Moeder met kind'. Maar al ga je op je hoofd staan, je ziet niets in het schilderij wat de titel kan verklaren. Hoe reageer je?*

a. Je vindt het vervelend dat je toch ècht geen moeder en kind kunt bespeuren, en loopt uiteindelijk maar weer door.
b. Je schudt geërgerd je hoofd en loopt snel door.
c. De titel werkt op je lach- spieren en je grinnikt: 'Jawel, ik begrijp het.'
d. Een 'moeder met kind' kun je er niet in ontdekken, maar na wat moeite ontdek je een prachtig grasveld.

8. *Je rijdt op de snelweg en komt in een file terecht. Je hebt nog geen boodschappen gedaan en het loopt al tegen sluitingstijd. Bovendien heb je thuis nog veel te doen en was je al aan de late kant. Hoe reageer je?*

a. Je maakt alvast een boodschappenlijstje terwijl je in de file staat. En mochten de winkels straks dicht zijn, bestel je wel een pizza en een flesje wijn.
b. Je piekert over het feit dat je nu in tijdnood zult komen, en zet de radio aan om je gedachten af te leiden.
c. Het is niet anders. Je bedenkt alvast hoe je straks zo praktisch mogelijk te werk kunt gaan.

d. Je ergert je vreselijk over het feit dat je nu geen eten in huis
hebt en haalt bij de benzinepomp een broodje.

9. *Je hebt je nieuwe spijkerbroek aan, waar je diezelfde dag een vrij grote
vetvlek op krijgt. De vlek, ter hoogte van je knie, gaat er met geen
mogelijkheid meer uit. Wat nu?*

a. Je gooit de broek in de container en bent de hele week uit je
humeur.
b. Je naait een applicatie op de vlek; je vindt het eigenlijk wel
apart.
c. Je bedenkt je dat de broek van pas kan komen als je klusjes
doet, zoals schilderwerk of tuinieren.
d. Je knipt de broek af, zodat je een leuke short erbij hebt.

10. *Hoe breng jij meestal je vakantie door?*

a. Je koopt een 'last minute'- ticket op Schiphol; pas aan de balie
beslis je waar je naartoe gaat, en in het land van bestemming
regel je een kamer om te slapen.
b. Je verblijft het liefst in een hotel met volpension, en als het
kan nog een activiteitenprogramma.
c. Je houdt ervan om rond te trekken, en ziet wel waar je belandt.
d. Je gaat niet te ver van huis, en blijft bij voorkeur in Nederland.

Antwoorden:

1.	a=1	b=3	c=2	d=4	6.	a=2	b=1	c=4	d=3
2.	a=3	b=2	c=4	d=1	7.	a=2	b=1	c=3	d=4
3.	a=1	b=2	c=3	d=4	8.	a=4	b=2	c=3	d=1
4.	a=4	b=3	c=2	d=1	9.	a=1	b=4	c=2	d=3
5.	a=3	b=4	c=1	d=2	10.	a=3	b=1	c=4	d=2

Ben je inventief/creatief?

Tot 14 punten
Als de dingen niet volgens planning lopen, raak je onmiddellijk het
overzicht kwijt. Daardoor raak je geïrriteerd. Een begrijpelijke reactie, maar jammer genoeg komt er dan weinig uit je handen. Misschien dat je tegenslagen als een uitdaging kunt gaan zien. Met een
creatieve benadering kunnen ze zelfs in meevallers worden omgeto-
verd.

Van 14 t/m 22 punten
Door je aangeboren plichtsbesef raak je vrij snel in paniek. Het woordje 'moeten' heeft jou een beetje in de ban. Daardoor maak je het jezelf erg lastig. Toch hebben tegenvallers ook een andere kant. Het kan zelfs heel spannend zijn als bepaalde dingen onverwacht anders uitpakken dan je had 'besteld'. Vooral als je door eigen toedoen iets positiefs uit een (negatieve) tegenvaller kunt halen.

Van 23 t/m 31 punten
Je bent niet gauw van je stuk te krijgen. Je aanpassingsvermogen is nogal groot en je neemt de dingen meestal zoals ze komen. Strak omlijnde regeltjes of voorspelbaarheid is niets voor jou. Je vindt het eerder spannend dat het leven zo onvoorspelbaar kan zijn. Toch neem je niet alles voor lief. Als bepaalde tegenslagen jou echt niet bevallen, dan ben je behoorlijk inventief.

Van 32 t/m 40 punten
Jij zit nooit met je handen in het haar. Daar heb je ook geen tijd voor, want je bent meestal bezig met het bedenken van creatieve oplossingen. Met jouw inventiviteit maak je bijna iedere tegenvaller tot een meevaller. En niet alleen voor jezelf, maar ook voor je naaste omgeving. Deze eigenschap brengt je ver in het leven. Zou het daardoor komen dat je voor anderen zo plezierig in de omgang bent?

Er was eens een creatieve man in Grouw
die was zijn passieve vrouw al lang ontrouw
toen werd zijn lief
plots heel inventief
en zei: 'Ga weg, ik ben niet langer jouw vrouw!'

Ben je een held?

De ware held die zijn leven waagt voor een ander is meestal iemand van wie je het niet had verwacht. Net zoals niet iedere stoere, sterke man ook direct een redder in nood is. Aan de buitenkant is niet te zien of er binnenin een held verstopt zit. En heel misschien weet je het niet eens van jezelf...

1. *Het café op de hoek staat in brand. Als je gaat kijken, hoor je van omstanders dat er nog een oudere man binnen is. De brandweer is nog niet gearriveerd en de vlammenzee breidt zich vrij snel uit. Wat doe je?*

a. Je slaat een ruit stuk, klimt er doorheen, en probeert de man te redden.
b. Je rent naar een telefooncel, belt de brandweer en vraagt of ze nog lang op zich laten wachten.
c. Je wacht nog even op de brandweer, maar als het 'nu of nooit' wordt, doe je pogingen de oude man te redden.
d. Ontsteld vertel je tegen iemand die naast je staat hoe erg je het vindt voor die oude man.

2. *Er komt laat in de avond een griezelfilm op televisie. Kijk jij daarnaar, zo vlak voor het slapen?*

a. Je ziet de film helemaal uit, en daarna heb je een vast ritueel. Je kijkt onder je bed, in de kast en achter de gordijnen, pas daarna ga je slapen.
b. Je vindt griezelfilms vreselijk eng, en dat geldt voor ieder tijdstip van de dag.
c. Je neemt de film op en kijkt er overdag naar.
d. Je kijkt zeker naar de film, en slaapt net zo lekker als anders.

3. *Je hoort de laatste tijd veel over berovingen bij jou in de buurt. Sommige buurtbewoners durven amper nog de straat op. Heb jij daar last van?*

a. Je vindt het erg bedreigend en gaat alleen de straat op als het echt noodzakelijk is.

b. Je zit er niet echt mee, maar neemt wel een busje traangas mee als je de deur uitgaat.
c. Je hebt nergens last van; je hoopt eerder voor de criminelen dat ze jou niet proberen te beroven.
d. Je gaat in geen geval meer alleen de straat op, en draagt waardevolle spullen voortaan onder je jas.

4. *Welk effect heeft de toenemende criminaliteit op jou?*

a. Je raakt er weleens gedeprimeerd door.
b. Geen enkel. Je laat je door niets of niemand bang maken.
c. Je bent onderhand ontzettend bang geworden.
d. Je bent kwaad dat criminelen zomaar hun gang kunnen gaan.

5. *Kort voor je vakantie naar Ibiza storten er binnen korte tijd twee vliegtuigen neer. Durf je nog?*

a. Je zegt je vliegvakantie af; je neemt geen onnodige risico's.
b. Je gaat wel, maar zit tijdens de vlucht met het zweet in je handen.
c. Je bent wel even bang, maar stelt jezelf weer gerust. De veiligheidscontrole zal na de ongelukken wel flink verscherpt zijn.
d. Je legt geen enkel verband met jouw vliegreis, en verheugt je zelfs op de reis.

6. *Je krijgt een gratis proefles aangeboden, voor welke sporttak kies jij?*

a. Parachutespringen.
b. Volleyballen.
c. Waterskiën.
d. Skydiving.

7. *Midden in de nacht word je wakker. Je hoort vreemde geluiden in de huiskamer, maar je hebt geen telefoon in je slaapkamer. Wat doe je?*

a. Je gaat op onderzoek uit, 'gewapend' met een zaklamp.
b. Je draait je om en vertelt jezelf dat je het je ingebeeld hebt.
c. Je doet de kamerdeur op slot en gaat verstijfd van angst in je bed liggen.
d. Je verstopt je onder het bed.

8. *Het is midden in de nacht en je loopt alleen op straat. Je nadert een onguur uitziende man, die ineens jouw richting opkomt. Over enkele stappen zul je hem passeren. Wat doe je?*

a. Je gaat snel naar de overkant en loopt pittig door.
b. Je loopt wel door, maar zorgt voor zoveel mogelijk afstand.
c. Je loopt vol zelfvertrouwen door en kijkt niet op of om.
d. Je draait je om en rent zo hard als je kunt weg.

9. *Je bent getuige van een laffe tasjesroof. De dader rent weg met de buit. Het slachtoffer, een moeder met twee kleine kinderen, staat beduusd te kijken. Wat doe je?*

a. Je blijft heel even stilstaan, maar loopt dan weer door.
b. Je rent als een gek achter de tasjesdief aan.
c. Je denkt nog even of je iets kunt doen, en vervolgens is de dief al uit zicht.
d. Je vestigt alle aandacht op de tasjesdief en roept: 'Houdt de dief!'

10. *Welk dier pak jij zonder meer op?*

a. Spin.
b. Lieveheersbeestje.
c. Slang.
d. Muis.

Antwoorden:

1.	a=4	b=2	c=3	d=1	6.	a=3	b=1	c=2	d=4
2.	a=3	b=1	c=2	d=4	7.	a=4	b=3	c=1	d=2
3.	a=1	b=3	c=4	d=2	8.	a=2	b=3	c=4	d=1
4.	a=2	b=4	c=1	d=3	9.	a=1	b=4	c=2	d=3
5.	a=1	b=2	c=3	d=4	10.	a=3	b=1	c=4	d=2

Ben je een held?

Tot 14 punten
Je wordt weleens geplaagd met de opmerking dat je een 'held op sokken' bent. Dat is absoluut geen nieuws voor jou, en je zit er ook niet mee. Sterker nog, je bent de eerste die dit zal beamen. Je voelt je

het veiligst in je eigen vertrouwde omgeving. Als anderen zo nodig de held willen uithangen, dan vind je dat geen enkel probleem. Tenminste… zolang ze jouw hulp maar niet vragen!

Van 14 t/m 22 punten
Je vindt het erg lastig en vervelend dat je zo snel bang bent. Uit veel situaties zou je het liefst wegrennen. Soms doe je dat ook, maar je weet dat je hier niet altijd aan kunt toegeven. Af en toe trotseer je de situaties waar je zo bang voor bent. Met kloppend hart en zweet in je handen, maar toch met succes. En dat is toch zeker een compliment waard.

Van 23 t/m 31 punten
Je bent geen 'angsthaas' en laat je door bijna niets of niemand bang maken. Toch ben je verstandig en neem je in veel gevallen het zekere voor het onzekere. Op kritieke momenten zul jij altijd je hoofd koel houden. Als iemand in je naaste omgeving door angst wordt overvallen, kun jij diegene vrij makkelijk weer geruststellen. Je straalt nu eenmaal een bepaalde veiligheid uit.

Van 32 t/m 40 punten
Jij bent een nuchtere held en verdoet geen tijd en energie aan angst. Je stapt overal op af en ziet nergens gevaar. Daardoor kom je weleens in lastige situaties terecht. Misschien dat je af en toe iets minder roekeloos zou kunnen zijn. Voorkomen is nog altijd beter dan genezen. Toch lijkt het zinloos om zoiets tegen jou te zeggen, want zonder spanning vind je er helemaal niets aan.

Een inbreker in Nieuwe Sluis
was aan 't stelen in een huis
toen vloog hij naar buiten
door een stuk of wat ruiten
hij was geschrokken van een muis.

Ben je een liefdevolle minnaar/minnares?

Beminnen gaat veel verder dan het oproepen van hoogtepunten. Het liefdesspel wordt bepaald door de invulling die twee mensen er samen aan geven. Het begint zelfs al voordat er nog sprake is van vrijen. Hoeveel moeite doe jij om het je geliefde geheel naar de zin te maken? Ben jij voornamelijk gericht op jezelf, of doe je er alles aan om in te spelen op de ander?

In deze test kun je uitgaan van de volgende situatie. Je hebt je geliefde door omstandigheden twee weken niet gezien. Dan is het zover, jullie hebben een afspraak om de hele avond en nacht te genieten met en van elkaar. Het moet natuurlijk een onvergetelijke tijd worden. De bedoeling is om eerst ergens een drankje te gebruiken, waarna jullie uit eten gaan. En daarna...

De eerste tien vragen zijn voor de mannen, de tweede voor de vrouwen.

Mannen

Ben je een liefdevolle minnaar?

1. In hoeverre besteed je aandacht aan lichaamsverzorging voordat je naar je afspraakje gaat?

a. Je scheert jezelf en frist je op bij de wastafel.
b. Je haalt even een kam door je haar.
c. Je gaat onder de douche, scheert je gezicht, waarna je een lekker luchtje opdoet.
d. Je doet er niets aan.

2. Hoe ga je gekleed?

a. Je trekt iets makkelijks aan, waarin jij je lekker voelt.
b. Je houdt dat aan waar je die dag toevallig in loopt.
c. Je trekt de kleding aan waar de ander jou het liefst in ziet.
d. Je koopt het liefst iets nieuws, waarvan je weet dat je partner uit haar bol zal gaan.

3. Neem je nog iets voor je geliefde mee?

a. Je neemt 'alleen' jezelf mee.
b. Je neemt een grote rode roos mee.
c. Je neemt een boekje mee waar 'persoonlijkheidstesten' in-staan.
d. Je neemt een fles champagne mee om te vieren dat jullie weer samen zijn.

4. In wat voor gelegenheid wil je het liefst iets met haar drinken voor het eten?

a. Je gaat naar een café met sfeervolle verlichting en allerlei nisjes, waar jullie in alle rust iets kunnen drinken.
b. Je neemt haar bij voorkeur mee naar een Grand Café.
c. Je gaat het liefst naar een chauffeurscafé of wegrestaurant om iets te drinken.
d. Je stapt het eerste café in dat je op de route naar het restaurant tegenkomt.

5. Wat voor drankje bestel jij?

a. Wijn, bier, port of sherry.
b. Mineraalwater.
c. Koffie, thee of frisdrank.
d. Een exotische cocktail.

6. Waar wil je daarna het liefste eten?

a. Je partner mag bepalen waar zij het liefst wil eten.
b. In een exclusief restaurant met uitzicht over zee.
c. Je stapt het eerste restaurant in wat jullie tegenkomen.
d. Je neemt haar mee voor een broodje shoarma.

7. Je geliefde heeft een hekel aan knoflook en vis. Jij bent er daarentegen dol op. Wat bestel je te eten?

a. Vlees met knoflooksaus.
b. Forel.
c. In ieder geval geen knoflook of vis.
d. Je laat je geliefde kiezen en bestelt hetzelfde.

8. Wat *doe je wanneer jullie na het eten thuiskomen?*

a. Je maakt het sfeervol met kaarsen en een achtergrondmuziekje, en masseert haar voeten.
b. Je maakt het gezellig, schenkt haar favoriete drankje in en vertelt haar hoe gelukkig je bent met deze relatie.
c. Je zet house-muziek op, doet de lampen aan en verleidt haar tot een wilde maar korte vrijpartij.
d. Je kunt je niet inhouden en begint al te vrijen voordat ze haar jas heeft uitgedaan.

9. Wat *doe je wanneer jullie in de slaapkamer belanden?*

a. Je zet lekkere hapjes en drankjes naast het bed, steekt de kaarsen aan en speelt feilloos in op wat zij fijn vindt.
b. Je doet geen lampen of kaarslicht aan en gaat snel onder de dekens liggen. Als ze bij je komt liggen, begin je met haar te vrijen.
c. Je doet het grote licht aan en vrijt een paar minuten met haar totdat jij je hoogtepunt bereikt. Daarna ga je slapen.
d. Je dempt het licht, zoent haar hartstochtelijk en besteedt de nodige aandacht aan alles wat zij fijn vindt.

10. Wat *doe je na het 'moment suprème'?*

a. Je staat op en neemt een douche, daarna drinken jullie nog wat en gaan vervolgens slapen.
b. Je draait je om en valt als een blok in slaap.
c. Je blijft dicht tegen haar aan liggen en valt in slaap.
d. Terwijl ze in jouw armen ligt, streel je haar totdat ze in slaap valt.

Antwoorden:

1.	a=3	b=2	c=4	d=1	6.	a=3	b=4	c=2	d=1
2.	a=2	b=1	c=3	d=4	7.	a=1	b=2	c=4	d=3
3.	a=1	b=4	c=2	d=3	8.	a=4	b=3	c=2	d=1
4.	a=4	b=3	c=1	d=2	9.	a=4	b=2	c=1	d=3
5.	a=3	b=1	c=2	d=4	10.	a=2	b=1	c=3	d=4

Ben je een liefdevolle minnaar?

Tot 14 punten

Het kan heel goed zijn dat je behoorlijk geraffineerd kunt vrijen, maar dat is wat anders dan een goede minnaar zijn. Je slaat het stukje romantiek over, en hebt iets te weinig oog voor de gevoelsmatige kant van vrouwen. Je vindt dat misschien wel onzin, maar aandacht en sfeer hebben nu eenmaal een gunstige werking op het liefdesspel. Haastige spoed is soms best goed in jouw ogen, maar denkt je geliefde daar ook zo over?

Van 14 t/m 22 punten

Het is niet onoverkomelijk als je fantasie in het minnespel het soms even af laat weten. Je partner is er immers ook nog? En misschien zou je op die momenten nog wat meer naar je geliefde kunnen luisteren. De meeste vrouwen weten ontzettend goed wat zij fijn vinden. Vermoedelijk zal ze meer romantiek wensen en accenten willen leggen op het vrijen voor en na de 'daad' zelf. Probeer het eens uit, en wie weet gaat er nog een nieuwe wereld voor je open.

Van 23 t/m 31 punten

Je bent een goede minnaar, daar hoef je geen doekjes om te winden. Je weet dat ook wel en bent gevoelig voor de reacties van je partner. Je speelt vrij makkelijk in op haar wensen en verlangens. Zonder jezelf helemaal weg te cijferen, heb je alle aandacht voor je geliefde. Je hebt vermoedelijk al vrij veel romantische en sensuele nachten doorgebracht. Dat is ook logisch, want iemand als jij is behoorlijk populair bij de vrouwen.

Van 32 t/m 40 punten

Heeft een vrouw jou ooit verteld, dat je voor haar de meest ideale minnaar bent die bestaat? Vast wel, want dat ben je ook. Je houdt meer rekening met je geliefde dan met jezelf, en neemt op de goede momenten het initiatief. Romantiek staat bij jou voorop, en je houdt van verrassingen waardoor er een vleugje extra toegevoegd wordt. De avonden en nachten met je geliefde zijn iedere keer weer anders. Maar dat is niet zo verbazingwekkend. Je weet hoe het kan zijn, en met minder neem je geen genoegen.

Vrouwen

Ben je een liefdevolle minnares?

1. In hoeverre besteed je aandacht aan lichaamsverzorging voordat je weggaat?

a. Je frist je op en brengt wat make-up aan.
b. Je doet er helemaal niets aan.
c. Je kamt of borstelt je haar.
d. Je doucht, smeert je helemaal in met bodylotion, doet make-up op en als 'finishing touch' doe je 'zijn' favoriete geurtje op.

2. Hoe ga je gekleed?

a. Je trekt iets aan waarin jij je lekker voelt.
b. Je kiest voor kleding, waarin hij jou onweerstaanbaar vindt.
c. Je trekt 'blind' iets uit de kast.
d. Je houdt dat aan waar je de hele dag al in hebt gelopen.

3. Neem je nog iets voor je geliefde mee?

a. Je neemt 'alleen' jezelf mee.
b. Je brengt een boekje mee waar 'persoonlijkheidstesten' instaan.
c. Je neemt een CD met zijn lievelingsmuziek mee.
d. Je neemt een fles champagne mee om te vieren dat jullie weer samen zijn.

4. In hoeverre verwacht je dat je partner zich hoffelijk gedraagt?

a. Je stelt het op prijs als hij je jas aanpakt, de deur voor je opent, je voor laat gaan en je stoel aanschuift.
b. Je bent heel tevreden als hij je jas aanpakt en de deur voor je openhoudt.
c. Hij hoeft zich helemaal niet hoffelijk te gedragen.
d. Als hij je jas aanpakt, is hij al hoffelijk genoeg.

5. Wat drink je voordat jullie uit eten gaan?

a. Koffie, thee of frisdrank.

b. Een exotische cocktail.
c. Wijn, bier, port of sherry.
d. Mineraalwater.

6. *In het restaurant worden jullie geholpen door een bijzonder aantrekkelijke ober. Je partner vraagt wat je van de ober vindt. Hoe reageer je?*

a. Je zegt dat je hem niks vindt en negeert de ober met opzet. Je wilt voorkomen dat je geliefde jaloers wordt.
b. Je kijkt even goed en begint vervolgens uitdagend met de ober te flirten.
c. Je vertelt je geliefde, dat hij net zo aantrekkelijk is als de ober.
d. Je zegt dat hij je helemaal niet was opgevallen omdat je alleen maar oog hebt voor je partner.

7. *Je geliefde heeft een hekel aan knoflook en vis. Wat bestel je voor jezelf te eten?*

a. Je laat hem iets uitzoeken en bestelt hetzelfde.
b. Forel.
c. Vlees met knoflooksaus.
d. In geen geval knoflook of vis.

8. *Wat doe je wanneer je thuiskomt met je geliefde?*

a. Je begint meteen hevig met hem te vrijen, nog voordat hij zijn jas uit heeft kunnen trekken.
b. Je maakt het sfeervol, schenkt zijn favoriete drankje in en vertelt hem hoeveel je van hem houdt.
c. Je zet house-muziek op, doet de lampen aan en verleidt hem tot een wilde maar korte vrijpartij.
d. Je zet een achtergrondmuziekje op, steekt de kaarsen aan en masseert hem.

9. *Wat doe je wanneer jullie in de slaapkamer belanden?*

a. Je gaat in de donkere slaapkamer alvast onder de dekens liggen. Als je partner bij je komt liggen, vrijen julie.
b. Je doet het grote licht aan en begint met je partner te vrijen, totdat jij je hoogtepunt hebt bereikt. Daarna ga je slapen.

c. Je zet wat hapjes en drankjes naast het bed, steekt de kaarsen aan, en speelt feilloos in op dat wat hij fijn vindt.
d. Je dempt het licht, waarna je de nodige aandacht besteedt aan wat hij prettig vindt.

10. Wat *doe je na het 'moment suprème'?*

a. Je blijft dicht tegen hem aan liggen en valt in slaap.
b. Je kruipt in zijn armen en streelt hem totdat hij in slaap valt.
c. Je draait je om en valt als een blok in slaap.
d. Je staat op en neemt een douche, daarna drinken jullie nog wat en gaan vervolgens slapen.

Antwoorden:

1.	a=3 b=1 c=2 d=4	6. a=3 b=1 c=2 d=4
2.	a=3 b=4 c=2 d=1	7. a=4 b=2 c=1 d=3
3.	a=1 b=2 c=4 d=3	8. a=1 b=3 c=2 d=4
4.	a=4 b=3 c=1 d=2	9. a=2 b=1 c=4 d=3
5.	a=2 b=4 c=3 d=1	10. a=3 b=4 c=1 d=2

Ben je een liefdevolle minnares?

Tot 14 punten
Meestal zijn het de mannen die wat gehaast zijn tijdens het liefdesspel. Romantiek lijkt vaak meer bij vrouwen dan bij mannen te horen. Maar ja, jij bent er eentje van 'grote sprongen, snel thuis', waardoor de romantiek weleens ver te zoeken is. Niet alle mannen vinden het prettig als een vrouw zich zo gedraagt. Gun jezelf en je geliefde eens wat meer tijd. Met een tikje romantiek kom je er ook, het wordt er alleen maar leuker en spannender door. Probeer het maar eens, misschien krijg je zowaar de smaak te pakken.

Van 14 t/m 22 punten
Het is op zich geen punt dat je niet zo fantasierijk bent als minnares. Maar heel misschien helpt het, als je wat vaker aan je geliefde vraagt wat hij leuk en spannend vindt. Veel mannen vinden het fantastisch om hun geliefde af en toe opnieuw te verleiden en veroveren. Maar ze willen ook zelf weleens verleid worden. Denk er nog eens over na, en wie weet op welke ideeën je zelf nog komt.

Van 23 t/m 31 punten

Je gaat op een goede manier met de gevoelens van je geliefde om. Je speelt in op zijn verlangens en geheime wensen, zonder dat hij alles hoeft voor te kauwen. Toch mag je best eens wat meer aan je eigen wensen denken. Je hebt er recht op, je bent een minnares waarbij mannen hun handjes kunnen dichtknijpen.

Van 32 t/m 40 punten

Je bent de ideale minnares, en barst van de originele initiatieven. Voor je geliefde lijkt het zelfs of je zijn gedachten kunt lezen. Romantiek staat bovenaan je lijstje, en je partner noemt vermoedelijk iedere nacht van samenzijn 'onvergetelijk'. En terecht, maar dat wist je zelf al.

Besteed je aan het vrijen de nodige tijd,
dan wordt het beminnen een oprechte vrije-tijd.

Ben je een materialist?

Je hoort weleens: 'met poen kun je alles doen!' Als dat waar zou zijn, dan kun je zonder poen niets doen. En zo eenvoudig ligt het nou ook weer niet. De een kan inderdaad niets beginnen zonder grote sommen geld. De ander kan weer heel veel kanten op, zonder een cent op zak te hebben. Hoe belangrijk is geld en materie voor jou?

1. *Wat vraag je aan een vriend/vriendin voor je verjaardag?*

a. Een speciaal boek of een CD.
b. Geld, om bij het spaargeld te leggen wat je gaat gebruiken voor een exclusief en bijna onbetaalbaar cadeau.
c. Een aardigheidje, zolang het maar een grote emotionele waarde heeft.
d. Geld, om naar vrije keuze te kunnen besteden.

2. *Je alleenstaande grootvader is ernstig ziek. Hij is genoodzaakt om naar een verzorgingstehuis te gaan, maar wil zijn huis liever niet uit. Je bent nooit zo dol op hem geweest, maar er komt na zijn dood veel geld vrij. En jij zult het grootste deel van hem erven. Wat doe je?*

a. Je besluit om je grootvader zelf te verzorgen, los van de toekomstige erfenis.
b. Je gaat niet op bezoek, laat staan dat jij hem zou verzorgen. Je krijgt je deel toch wel.
c. Je gaat een paar keer op bezoek, maar legt uit dat jij hem niet goed zou kunnen verzorgen.
d. Je vertelt hem dat je hem wel wilt verzorgen, maar alleen als je nu vast een deel van de erfenis kunt krijgen.

3. *Wat wil jij altijd in je portemonnee hebben?*

a. Veel geld en creditcards.
b. Voldoende geld om boodschappen te kunnen doen.
c. Veel geld.
d. Foto's van je dierbaren.

4. Een kennis die goed in de slappe was zit, laat zijn nieuwe motorjacht zien. Hoe reageer je?

a. Je wil direct weten wat hij voor de boot heeft betaald, en schat zo vervolgens zijn vermogen in.
b. Je bent enthousiast en bewondert de boot van binnen en van buiten.
c. Je zegt dat je ook zo'n motorjacht wilt; maar dan wel een iets grotere uitvoering.
d. Je complimenteert hem met zijn prachtige aankoop.

5. Een oudtante die jij nooit hebt gekend, laat jou Hfl. 5.000,- na. Hoe reageer je?

a. Je vindt het jammer dat het niet meer is.
b. Je geeft het hele bedrag onmiddellijk uit.
c. Je schenkt het geld aan een goed doel.
d. Je zet het geld op de bank, en brengt prachtige bloemen naar het graf.

6. Waaraan moet een baan voor jou in elk geval voldoen?

a. Fijne collega's en een prettige werksfeer.
b. Plezier in je werk.
c. Aanzien en een goed salaris.
d. Veel geld en carrièremogelijkheden.

7. Leen jij makkelijk geld uit?

a. Aan dierbaren wel, ongeacht of ze het kunnen terugbetalen.
b. Aan iedereen, maar wel met rente.
c. Je zou het niet uitlenen, maar weggeven.
d. Je leent alleen geld uit als het op korte termijn weer terugbetaald kan worden.

8. Aan welke voorwaarden moet een partner voldoen?

a. Hij/zij moet een titel hebben.
b. Hij/zij moet lief zijn.
c. Hij/zij moet trouw zijn.
d. Hij/zij moet veel geld en/of bezittingen hebben.

9. Wat is voor jou het belangrijkste in het leven?

a. Goede vrienden.
b. Aanzien.
c. Geld, geld, en eh… geld.
d. Gezondheid.

10. Over welke uitnodiging hoef jij niet lang na te denken?

a. Een aantrekkelijke zakelijke transactie.
b. Een vrijgezellenfeest.
c. Een liefdadigheidsbal.
d. Een bezoek aan een casino.

Antwoorden:

1.	a=2 b=4 c=1 d=3	6.	a=1 b=2 c=3 d=4
2.	a=1 b=3 c=2 d=4	7.	a=2 b=4 c=1 d=3
3.	a=4 b=2 c=3 d=1	8.	a=3 b=1 c=2 d=4
4.	a=3 b=1 c=4 d=2	9.	a=2 b=3 c=4 d=1
5.	a=4 b=3 c=1 d=2	10.	a=4 b=2 c=1 d=3

Ben je een materialist?

Tot 14 punten
Vriendschap en liefde zijn het allerbelangrijkste in jouw leven. Daarom sta je ook altijd voor iedereen klaar. Je vindt het onbegrijpelijk dat sommige mensen alleen maar voor geld en materie leven. In jouw vriendenkring bevindt zich dan ook zelden tot nooit een geldwolf. Geld is weliswaar nodig om de eerste levensbehoefte te kunnen bekostigen, maar voor de rest interesseert het je weinig. Je weet dat het meest wezenlijke wat er bestaat, toch niet te koop is.

Van 14 t/m 22 punten
Je onderschat de waarde van geld niet, maar zult het evenmin najagen. Je bent absoluut geen materialist, en zult het hoogstwaarschijnlijk ook nooit worden. Jij zult je ook niet snel kapot werken vanuit het doel: promotie en meer geld. Je hebt veel te veel andere dingen te doen om daar teveel tijd en energie aan te besteden. Je hoeft nooit het duurste, het beste, of het nieuwste. Welnee, jij wilt 'eenvoudig' geluk.

Van 23 t/m 31 punten
Bij jou speelt geld en aanzien een grote, maar vooral belangrijke rol.
Je vindt het nu eenmaal prettig als anderen tegen jou opkijken. Een
behoorlijke dosis geld werkt zoiets wel in de hand. Vandaar dat je
keihard knokt om je doel te bereiken. En met jouw instelling kan het
nog weleens lukken ook. Alleen… staar je niet blind op die wereld
van geld, succes en aanzien. Daarbuiten is immers veel meer? Blijf
daar ook een beetje naar kijken.

Van 32 t/m 40 punten
Geld is je hoogste goed in het leven, en daar kom je eerlijk voor uit.
Je begrijpt niet hoe andere mensen vaak zo armoedig kunnen leven.
Je omringt je graag met een wereld vol luxe, en daar schaam je je
zeker niet voor. Hard werken kun je prima, maar je wordt voornamelijk gedreven door je grootste passie, het geld. Hopelijk wordt de uitdrukking 'geld maakt niet gelukkig' voor jou geen waarheid.

Een materialist in Kamerik
heeft wat geld betreft een tic,
want voor hij het telt,
kust hij zijn geld,
die man is toch niet goed snik?

Ben je een dierenvriend?

Wanneer je dierenliefde niet verder gaat dan je eigen huisdier, ben je dan wel een echte dierenvriend? Ben je per definitie een dierenvriend omdat je een huisdier hebt? Nee, want echte dieren-vrienden hebben juist geen huisdieren wanneer ze er niet optimaal voor kunnen zorgen. Hoe zit het met jouw dierenliefde?

1. *Je bewoont een kleine flat en werkt vijf dagen per week. Je kunt onmogelijk tussen de middag naar huis maar wilt erg graag een huisdier. Je weet dat jij er zelf voor moet zorgen, want er is niemand die dat voor je kan doen. Wat voor een huisdier neem je?*

a. Een hond.
b. Een kat.
c. Je besluit toch geen huisdier te nemen.
d. Een vogel.

2. *Het circus heeft zijn tenten in je woonplaats opgezet. Er zullen veel shows met wilde dieren plaatsvinden. Ga jij er heen?*

a. Nee, je vindt het vreselijk voor de dieren en probeert zelfs bij de ingang van het circus anderen over te halen alsnog van hun bezoek af te zien.
b. Je gaat nooit naar het circus.
c. Alleen wanneer de rest van de familie graag wil, sluit jij je aan.
d. Ja, jij bent van de partij.

3. *Je hebt een huisdier dat zich duidelijk niet lekker voelt. Wat doe je?*

a. Je laat het dier met rust, het zal wel weer overgaan.
b. Je gaat meteen naar de dierenarts.
c. Je belt de dierenarts, legt uit wat er aan de hand is en vraagt wat je moet doen.
d. Je kijkt het nog een dag aan.

4. Praat jij weleens tegen huisdier(en)?

a. Alleen wanneer je het dier straft of beloont.
b. Je praat nooit tegen dieren.
c. Je praat alleen tegen een dier als niemand het kan horen.
d. Je praat altijd tegen een dier; het maakt je niet uit of anderen dat horen.

5. Je gaat naar bed, maar voordat je het licht uitdoet zie je een grote spin door de slaapkamer lopen. Wat doe je?

a. Doodslaan gaat jou te ver, je laat het beestje dan ook lekker zitten.
b. Je pakt de spin voorzichtig op en zet hem buiten.
c. Je laat de spin in je stofzuiger verdwijnen.
d. Je slaat de spin dood.

6. Wat gebeurt er wanneer je dierenleed op televisie ziet?

a. Je wordt er akelig van, en vraagt je af hoe jij er concreet iets tegen kunt doen.
b. Je wordt er zo beroerd van dat je onmiddellijk een andere zender opzoekt.
c. Het raakt je wel even, maar je zet het weer van je af. Je bedenkt je dat het tenslotte geen menselijk leed is.
d. Het doet je niets, het zijn immers maar dieren.

7. Je hebt een vliegvakantie voor drie weken naar Griekenland geboekt. De kat zal door de buurvrouw verzorgd worden. Twee dagen voor vertrek wordt het dier ernstig ziek. Hij heeft geen pijn, maar als je de dierenarts moet geloven maakt de kat het niet lang meer. Wat doe je?

a. Je gaat toch naar Griekenland, en vertelt de buurvrouw dat ze niet hoeft te bellen wanneer het dier gestorven is.
b. Je gaat weg en vraagt de buurvrouw je te bellen, als het dier gestorven is.
c. Je annuleert de vakantie en zoekt een nieuwe bestemming in de buurt, zodat je direct naar huis kunt als het nodig is.
d. Je annuleert de vakantie en blijft thuis.

8. *Je bent op vakantie in Spanje. Langs het strand loopt een man met een aapje. Het dier ziet er slecht verzorgd uit en is overduidelijk onder invloed van kalmerende middelen. Tegen betaling kun je met de aap op de foto. Wat doe je?*

a. Je doet het uit principe niet en probeert zelfs om de overige toeristen ervan te weerhouden.
b. Je vindt het leuk om met de aap op de foto te gaan.
c. Je vraagt aan de eigenaar of de aap te koop is, zodat je het beestje naar een geschikt opvangadres kunt brengen.
d. Je vindt het wel zielig, maar laat je toch fotograferen. Je bedenkt je dat één foto meer of minder, ook niets meer uitmaakt.

9. *Het verhaal doet de ronde dat iemand bij jou in de straat zijn hond mishandelt. Op een keer zie je met eigen ogen hoe de eigenaar het dier op wrede wijze trapt. Het valt je bovendien op, dat de hond er bijzonder mager en verwaarloosd uitziet. Hoe reageer jij?*

a. Je reageert helemaal niet, die man mag zelf bepalen hoe hij met zijn hond omgaat.
b. Je zegt niets, maar zodra je thuiskomt bel je de nodige instanties om de hond daar zo snel mogelijk weg te laten halen.
c. Je wilt wel iets doen, maar je durft niet.
d. Je vertelt de eigenaar onomwonden, hoe jij hier over denkt.

10. *Je hebt een hond en woont op tien minuten loopafstand van een groot bos, waar het dier vrij rond kan rennen. Waar laat jij de hond uit?*

a. Je laat de hond driemaal per dag in de buurt uit.
b. Je zet de hond af en toe buiten de deur, zodat het dier ergens zijn behoefte kan doen.
c. Je laat de hond meestal in de buurt uit, maar minstens één keer per week ga je naar de plek waar het dier zich uit kan leven.
d. Je gaat iedere dag als het even mogelijk is naar de plek waar het dier vrij kan rondlopen. Je laat de hond alleen in de buurt uit, wanneer het niet anders kan.

Antwoorden:

1.	a=1	b=2	c=4	d=3	6.	a=4	b=3	c=2	d=1
2.	a=4	b=3	c=2	d=1	7.	a=1	b=2	c=3	d=4
3.	a=1	b=4	c=3	d=2	8.	a=3	b=1	c=4	d=2
4.	a=2	b=1	c=3	d=4	9.	a=1	b=4	c=2	d=3
5.	a=3	b=4	c=1	d=2	10.	a=2	b=1	c=3	d=4

Ben je een dierenvriend?

Tot 14 punten

Je betrokkenheid bij dieren is niet bijster groot. Je voorkeur gaat dan ook uit naar dieren waar je niet te veel aandacht aan hoeft te besteden. Toch is dat niet helemaal eerlijk, want als je een dier in huis haalt is het afhankelijk van jou. Als je echt graag dieren wilt, denk dan eens na over een kom met vissen. Alhoewel, zelfs die hebben op z'n minst om de dag voer nodig...

Van 14 t/m 22 punten

Een huisdier heeft op zich bij jou niet veel te klagen. Je verzorgt het goed, al loop je niet over van aandacht en betrokkenheid. Te veel getut trekt je niet, laat staan dat jouw hele leefschema aangepast wordt aan een huisdier. Toch zijn de meeste huisdieren erg gevoelig voor wat extra aandacht. Probeer het eens uit en kijk maar of je huisdier erop reageert. En heel misschien ontdek je, dat het dier niet de enige is die het leuk vindt.

Van 23 t/m 31 punten

Jij draagt werkelijk alle dieren een warm hart toe. Dierenleed is voor jou net zo erg als mensenleed, en je grijpt meteen in als er sprake is van dierenmishandeling. Een huisdier is voor jou een huisgenoot, waar je daadwerkelijk rekening mee houdt. Trouwens, de meeste dieren zijn dol op jou. Zelfs een schuwe kat komt je nog kopjes geven!

Van 32 t/m 40 punten

Jouw huisdier is een echte bofferd! Als het aan jou ligt is niets goed genoeg voor dieren, en je hebt er bij voorkeur meerdere. Je bent zelfs in staat om tijdens de vakantie een ansichtkaart te sturen waarop staat dat je hem/haar/hen, zo mist! Je houdt van alle dieren, maar vooral de zielige onder hen raken een gevoelige snaar bij je. Je zou ze dan ook het liefst allemaal bij je in huis willen nemen. Bij het

zien van dierenleed loop je altijd voorop. Kortom, jij bent *dé* dierenvriend bij uitstek!

Er was eens een ezel in Kameroen
die wilde 'het' met een zebra doen
'Oké', sprak die zacht
'dan zal ik vannacht
voor jou m'n pyjama uitdoen.'

Ben je milieubewust?

E en beter milieu begint bij jezelf, wordt wel eens gezegd. De glas-bak weten we doorgaans wel te vinden, maar wat doe je met die lege batterijen? Milieu is meer dan alleen het scheiden van afval. Respect voor alles in de natuur wat leeft en groeit, is net zo belangrijk. Hoe milieubewust ben jij?

1. *In het nieuwsbericht wordt verteld dat er door Frankrijk ondergrondse kernproeven zullen plaatsvinden. Hoe reageer jij hierop?*

a. Je schudt je hoofd en vindt het vreselijk.
b. Je geeft geld aan milieuorganisaties die zich actief verzetten tegen de voorgenomen proeven.
c. Je haalt je schouders op en denkt: Australië ligt zo ver weg.
d. Je besluit om vanaf heden de produkten uit Frankrijk te boycotten.

2. *In het bos waar je regelmatig loopt, valt je oog op een bloem die je nog nooit gezien had. Er staan een kleine twintig van deze bloemsoort bij elkaar. Thuis heb je een boek waar deze bloem hoogstwaarschijnlijk wel instaat. Wat doe je?*

a. Je plukt er tien, zodat je meteen een boeket voor thuis hebt.
b. Je plukt niets en prent in je geheugen hoe de bloem eruitziet. Mocht je er thuis niet uitkomen, dan neem je de volgende keer het boek mee naar het bos.
c. Je aarzelt nog even, maar plukt toch één bloem.
d. Je plukt vijf bloemen, dan weet je zeker dat één het overleeft.

3. *Wat laat jij na een picknick in het bos gewoonlijk achter?*

a. Niets, je afval gooi je thuis pas weg.
b. Alles wat leeg is en je niet meer kunt gebruiken laat je liggen.
c. Je laat alleen wat lege papieren zakjes achter.
d. Alle voedselresten.

4. *Je hebt wat schilderwerk gedaan in huis, maar er is nog een half blik verf overgebleven. Je kunt het absoluut niet meer gebruiken; over twee weken komt de milieukar bij jou in de buurt. Wat doe je met de verf?*

a. Dat is afhankelijk van de stemming waarin je bent.
b. Je wacht tot de milieukar komt en brengt daar het blik naartoe.
c. Je gooit het blik met verf en al in de vuilnisbak.
d. Je spoelt de verf door het toilet en gooit het lege blik in de container.

5. *Gooi jij altijd je lege glazen flessen en potjes in de glasbak?*

a. Alleen als er bezoek geweest is of je een feestje hebt gegeven. Je gaat niet naar de glasbak voor die paar potjes of flessen die jij per week leegmaakt.
b. Je gooit de glazen flessen en potjes altijd in de vuilnisbak.
c. Ja, maar wanneer er glasbakken staan voor verschillende kleuren, vind je dat te veel werk.
d. Je gooit je glazen flessen en potjes altijd in de glasbak, zo nodig iedere kleur in de daarvoor bestemde bak.

6. *Op televisie zie je een reportage over een verschrikkelijke milieuramp. In beeld verschijnt een gironummer. Wat doe je?*

a. Je noteert het gironummer zodat je geld kunt storten en schakelt vervolgens over naar iets anders.
b. Je blijft gechocqueerd kijken en doet verder niets.
c. Je volgt het programma tot het eind en noteert tussendoor het gironummer, zodat je op z'n minst wat geld kunt storten.
d. Je schakelt direct over naar een vrolijker programma.

7. *Er loopt iemand voor je die een leeg blikje weggooit. Wat doe je?*

a. Je doet helemaal niets.
b. Je raapt het blikje op en vertelt de persoon vriendelijk waarom het beter is het in de afvalbak te gooien.
c. Je zegt: 'U verliest iets', in de hoop dat die ander zijn blikje opraapt.
d. Je pakt het zonder meer op en gooit het zo opvallend mogelijk in de afvalbak.

8. *Met welk vervoermiddel verplaats jij je meestal?*

a. Je neemt meestal de auto. De fiets gebruik je alleen voor boodschappen in de buurt.
b. Je doet alles met de auto.
c. De fiets gebruik je zo vaak moge- lijk. Voor grotere afstanden gebruik je de auto, tenzij het openbaar vervoer een goede verbinding heeft.
d. Je doet alles per fiets of met het openbaar vervoer. Je rijdt zelf uit principiële beweegredenen geen auto.

9. *Het is hartje winter en je gaat 's avonds voor een paar uurtjes weg. Hoe laat jij je huis achter?*

a. Je draait de verwarming wat lager en laat één lamp aan.
b. Je laat de verwarming hoog staan en alle lampen branden.
c. Je draait de verwarming laag en laat een paar lampen branden.
d. Met een tijdklok zorg je dat aan het eind van de avond de verwarming hoog staat en alle lampen branden.

10. *Je zit met een aantal vrienden om de tafel, als het onderwerp 'milieu' aan de orde komt. Als een aantal mensen hun mening op tafel gelegd heeft, blijf jij niet achter. Welke van de onderstaande omschrijvingen benadert jouw mening?*

a. Je vindt de wereld toch al een zooitje, waarvoor zou jij je dan nog druk maken?
b. Je geeft geld aan milieubewegingen en vindt dat je hierdoor al voldoende doet.
c. Je bent van mening, dat een beter milieu altijd bij jezelf begint.
d. Je wilt best iets doen, zolang het maar niet te veel moeite kost.

Antwoorden:

1.	a=2 b=3 c=1 d=4			6.	a=3 b=2 c=4 d=1		
2.	a=1 b=4 c=3 d=2			7.	a=1 b=4 c=2 d=3		
3.	a=4 b=1 c=2 d=3			8.	a=2 b=1 c=3 d=4		
4.	a=3 b=4 c=2 d=1			9.	a=4 b=1 c=2 d=3		
5.	a=2 b=1 c=3 d=4			10.	a=1 b=3 c=4 d=2		

Ben je milieubewust?

Tot 14 punten

Voor jouw gevoel is het allang te laat nog iets aan het milieu te doen. Ben je daarom misschien zo onverschillig? Je instelling is niet alleen erg voor het milieu, maar geeft je hele leven een grauwsluier. Als je iets positiever in het leven zou staan, zag alles om je heen er wellicht wat rooskleuriger uit. En wie weet, wordt het milieu dan toch nog wat belangrijker voor jou.

Van 14 t/m 22 punten

Gelukkig weet je hoe belangrijk het milieu is voor onze toekomst. Door de vreselijke dingen die je ziet en hoort, heb je soms een lamgeslagen gevoel. Best jammer, want daardoor heb je weleens de neiging de boel te laten verslappen. Kom op joh, je weet toch dat alle kleine beetjes helpen?

Van 23 t/m 31 punten

Je doet wat binnen je vermogen ligt en bent sterk betrokken bij het milieu. Daardoor kun jij je behoorlijk moedeloos voelen wanneer er weer een grote milieuramp plaatsgevonden heeft. Gelukkig zet jij je daar altijd weer overheen en blijf je positief denken, en doen.

Van 32 t/m 40 punten

Jij denkt bewust na over milieuzaken. Je hebt je er behoorlijk in verdiept en levert een actieve bijdrage. Niets gaat jou te ver het milieu te sparen. Je neemt zelfs de moeite anderen ervan te overtuigen, dat een gezond milieu de enige garantie is om te kunnen overleven. Prima, want je bent in feite een voorbeeld voor anderen!

Een milieuactiviste uit Deventer
was in het zuinig zijn een ster
met één velletje wc-papier
deed ze wel een keer of vier
maar dat gaat mij ietsjes te ver!

Ben je een 'persoonlijkheidstester'?

E en situatieschets kan nooit volledig zijn. Net zoals je veel meer eigenschappen hebt dan in dit boekje aan bod kunnen komen. Aan het einde van de rit is er nog één test, die het geheel afsluit. Hierbij kun je ontdekken in hoeverre jij jezelf tijdens de testen in de maling hebt genomen. Heb je eerlijk geantwoord hoe jij zou handelen, of toch een beetje hoe je zou *willen* reageren? Heb je de antwoorden nooit/soms/altijd gekozen zonder voorkennis van de bijbehorende punten?

1. *Wat dacht je bij het lezen van de titel van dit boekje?*

a. Het leek je wel aardig, maar je hebt eerst goed gekeken wat erin stond.
b. Het leek je niks, maar toch…
c. Je was opvallend nieuwsgierig.
d. Je vond het zo belachelijk, dat je het wilde hebben.

2. *Hoe kom je aan* **Test jezelf**?

a. Je hebt het geleend.
b. Je hebt het cadeau gekregen.
c. Je hebt het nog niet maar bladert het momenteel ergens door.
d. Je hebt het boekje gekocht.

3. *Welke testen heb je het eerst gemaakt?*

a. Je koos de onderwerpen waarmee je hoger dacht te scoren dan je partner of vriend(in).
b. Je deed eerst de testen waarvan je vermoedde dat je laag zou scoren.
c. Je maakte als eerste de testen waarmee je vermoedelijk hoog zou scoren.
d. Je zocht eerst de onderwerpen uit waarmee je lager dacht te scoren dan je partner of vriend(in).

4. Wat deed je na het lezen van een situatieschets?

a. Je probeerde het je voor te stellen, maar dat lukte helemaal niet.
b. Je keek eerst hoeveel punten ieder antwoord opleverde, en besloot vervolgens dat de hoogste score jouw antwoord moest zijn.
c. Je las de keuzemogelijkheden en noteerde het antwoord waarvan je hoopte dat het hoog zou scoren.
d. Je las de keuzemogelijkheden en noteerde het antwoord wat jouw reactie het dichtst benaderde.

5. Liet je een ander de omschrijving bij de score lezen?

a. Je liet, ongeacht de uitkomst, altijd een ander de omschrijving bij de score lezen.
b. Je liet niets aan anderen lezen, dat gaat ook niemand wat aan.
c. Als de score goed genoeg was, liet je anderen de uitslag lezen.
d. Afhankelijk van de score en het onderwerp, liet je anderen de uitslag lezen.

6. Hoe reageerde je wanneer je met een test minder goed scoorde dan je gedacht had?

a. Je controleerde alle antwoorden, en keek of je misschien ergens een fout had gemaakt.
b. Enigszins geschrokken, nam jij je voor om je leven te beteren.
c. Je werd chagrijnig en vond dat de test nergens op sloeg.
d. Je vroeg een ander een 'second opinion' en wilde weten of je inderdaad bent zoals beschreven bij je score.

7. Wat was je reactie toen je zo eerlijk mogelijk de vragen had beantwoord en beter bleek te scoren dan je had vermoed?

a. Je liet trots het resultaat zien aan iedereen die geïnteresseerd was.
b. Je vond het wel handig, omdat je de antwoorden dan niet meer hoefde te controleren.
c. Je was blij, want je had de antwoorden eerlijk ingevuld.
d. Je haalde je schouders op, dergelijke testen doen je eigenlijk niet zoveel.

8. *Welke test wilde je het liefst door een vriend(in)/partner laten maken?*

a. Geen enkele.
b. Lig je goed in de markt?
c. Ben je een liefdevolle minnaar/minnares?
d. Ben je jaloers?

9. *Heeft* **Test jezelf** *nog leuke gespresstof opgeleverd?*

a. Ja, aan de hand van andere voorbeelden uit je eigen leven.
b. Ja, over eerlijkheid tijdens de test.
c. Dat hing van het onderwerp af.
d. Nee, het leverde alleen maar ruzie op.

10. *Wat is je conclusie over* **Test jezelf**?

a. Het is vrij herkenbaar.
b. Het is de grootste flauwekul.
c. Je hebt er wel iets aan.
d. Het is wel aardig.

Antwoorden:

1.	a=3 b=2 c=4 d=1	6.	a=3 b=4 c=1 d=2
2.	a=2 b=3 c=1 d=4	7.	a=2 b=3 c=4 d=1
3.	a=1 b=4 c=3 d=2	8.	a=1 b=2 c=3 d=4
4.	a=1 b=2 c=3 d=4	9.	a=4 b=3 c=2 d=1
5.	a=4 b=1 c=2 d=3	10.	a=3 b=1 c=4 d=2

Ben je het type 'persoonlijkheidstester'?

Tot 14 punten
Tegen anderen beweer je dat tests als deze nergens op slaan. Toch ben je er nieuwsgierig naar, daarom maak je ze meestal stiekem. Het is wel opvallend dat je vrij eerlijk antwoord geeft. Maar als de score bekend is, kunnen er twee dingen gebeuren. Je glimlacht met gepaste trots (het liefst van oor tot oor), óf je wordt chagrijnig als je niet goed genoeg uit de bus komt. In het laatste geval leg je **Test jezelf** weg en denkt, zie je wel dat het niks is.

Van 14 t/m 22 punten

Jij vindt het wel grappig om je persoonlijkheid te testen. Tenminste, zolang je maar fatsoenlijke scores behaalt. Je wilt namelijk zoveel mogelijk positieve conclusies lezen. Daarom neem je graag het zekere voor het onzekere. Je kijkt voordat je een keuze maakt weleens naar de punten bij de antwoorden. Ja, en daar ben je het dan 'ineens' roerend mee eens. Gelukkig vind je het zelf ook een komische, maar ietwat oneerlijke manier om jezelf te testen.

Van 23 t/m 31 punten

Je neemt de 'persoonlijkheidstesten' heel serieus. Je praat er graag met anderen over, maar vindt het moeilijk om jouw score te laten zien. Tenminste, als de conclusie negatief is. Daarom noteer je jouw keuzes het liefst met potlood. Zodoende kun je achteraf de antwoorden desnoods uitgummen en veranderen. Je probeert weleens om aan de vier mogelijke antwoorden te zien welke goed zal scoren. Zolang je maar weet dat zoiets struisvogelpolitiek is, heb je alleen maar lol om jezelf.

Van 32 t/m 40 punten

Test jezelf is jou op het lijf geschreven. Ook al valt de score met conclusie soms wat tegen, je hebt zo eerlijk mogelijk geantwoord. Je zit er trouwens niet mee om toe te geven dat een score soms wat anders uitpakt. Bovendien wil je graag de mening van een ander horen in dat geval. In het dagelijks leven ben je vrij intensief bezig een betere kijk op jezelf te krijgen. Vandaar dat je bij deze uitgeroepen wordt tot de bovenste beste 'persoonlijkheidstester'.

Er was eens een vrouw in Monaco
*die gaf haar man **Test jezelf** cadeau*
hij testte zich aandachtig
en vond bijna alles prachtig
behalve zijn score, die was maar 'zo, zo'!